不吼不叫陪孩子写作业

21天习惯养成训练营

左飞 ◎ 著

中国铁道出版社有限公司
CHINA RAILWAY PUBLISHING HOUSE CO., LTD.

图书在版编目（CIP）数据

不吼不叫陪孩子写作业：21天习惯养成训练营/左
飞著. —北京：中国铁道出版社有限公司，2021.5（2024.6重印）
ISBN 978-7-113-27780-2

I.①不… II.①左… III.①儿童教育-家庭教育
②小学生-学习方法 IV.①G782②G622.46

中国版本图书馆CIP数据核字（2021）第040644号

书　　名：不吼不叫陪孩子写作业——21天习惯养成训练营
BU HOU BU JIAO PEI HAIZI XIE ZUOYE——21 TIAN XIGUAN YANGCHENG XUNLIANYING

作　　者：左　飞

策　　划：巨　凤　　　　　编辑部电话：（010）83545974　　邮箱：herozyda@foxmail.com

责任编辑：巨　凤　韩丽芳
编辑助理：王伟彤
封面设计：仙　境
责任校对：苗　丹
责任印制：赵星辰

出版发行：中国铁道出版社有限公司（100054，北京市西城区右安门西街8号）
印　　刷：三河市兴博印务有限公司
版　　次：2021年5月第1版　2024年6月第4次印刷
开　　本：880 mm×1230 mm 1/32 印张：8.5 字数：231千
书　　号：ISBN 978-7-113-27780-2
定　　价：68.00元

有人说：从"母慈子孝"到"鸡飞狗跳"只需要 2 小时——陪孩子写一次作业。

在最近的 10 年中，我经历了 1000 多个家庭因写作业而引起的"鸡飞狗跳"。2 000 多小时的咨询经验告诉我，这个问题仍然困扰着大部分的学龄儿童家庭（尤其是三年级之前）。

1. 为什么相同的方法，在不同家庭中效果不同？

这里以武侠小说为例，如果你想让孩子成为写作业的"武林高手"，首先要了解的并不是武术套路中的一招一式，而是要先练"内功心法"。

"内功心法"是什么？就是指武术套路中的一招一式从何而来，为什么要这样出招。

比如本书，将在第一到第四章讲解孩子写作业的核心能力有哪些，如何正确引导孩子克服读写困难，注意力和时间管理等问题。

我们在武侠小说中还会发现另一个问题，就是两个人练习了同一门派的武术，练成后两人的攻击力却大不相同。一个称霸武林，另一个却仍是无名小辈。

究其根源就是"内力"的不同。辅导孩子写作业也需要"内力"。这个内力就是孩子的个人能力和家长的配合程度。

所以在辅导孩子写作业前，家长需先修炼好自己的内功，然后再进行实践。

🔸 2. 好方法也需要耐心和细致

看这本书之前，我建议每位家长放弃一个幻想：想找到一个立竿见影，一下子就能改善孩子作业的方法。

为什么不可能实现这个幻想呢？因为学习是有持续性的，人的行为修正也需要不断的试错。

当然，不能把所有精力都耗费在作业上。

所以，我将解决孩子作业问题的"治疗疗程"尽可能缩短在 21 天。

第五章到第十二章，就是全套的操作方法和说明，这是一套非常详细的"陪娃写作业实操手册"!

在这段时间中，你可能会经历失败、孩子的反抗和行为的"退行"（在第七章，"孩子的行为反弹"中有详细讲解）。这些都是正常的，我非常想鼓励你，不要灰心，不要失望，要不断说服自己，这是正常现象，是孩子进步的必要过程。

千万不能因此而放弃。因为你一旦放弃，失望的"阴霾"就会笼罩整个家庭，最终侵蚀孩子的内心，让之前的效果功亏一篑，也可能让孩子的行为"一夜回到解放前"。

它可以像一本陪孩子写作业的"操作手册"作为你的案头书时常翻阅。而且每一次查询和翻阅，都可能会对你的家庭教育大有帮助。

在教育过程中，失败并不可怕，每一次的失败都是促使我们改变的信号。

唯有耐心和细致，才能理性对待孩子的每一个不足和错误，最终引导孩子走向正确的发展道路。

3. 教育从来都是一套完整的系统

奥地利著名社会哲学家鲁道夫·斯坦纳（Rudolf Steiner）认为，孩子的学习需要整个社会支持系统（social support system）的参与。它包括但不限于：社区、学校、老师和家长。

教育从来都是一套完整的系统，所以，要想把孩子的作业管理好，家长需要联合老师和其他的家庭成员（比如自己的爱人或者是长辈）。整个系统的"教育一致性"对于孩子的学习进步和心理成长至关重要。

在本书的后半部分（第十三章和第十四章），会详细讲解当孩子作业出现问题时，如何调动你的伴侣、孩子的老师帮助你一同解决问题。

总之，这本书你可以把它看成是解决家庭教育问题的教育顾问，也可当成是帮助你管理孩子作业的实操手册。

所以，如果时间充裕，可以按照章节顺序仔细研读；问题紧急时，也可以针对孩子的具体问题，按照目录查询具体的分析和方法。希望这本书中的内容能帮到每一位家长，同时希望每一个孩子的学习能进步飞速。

目录

01 第一章
作业写得慢可能与核心能力有关

1.1 作业写不好是因为"作业核心能力"的缺失 2

    1.1.1 作业核心能力培养的关键期 2

    1.1.2 如何培养孩子作业规划能力? 6

    1.1.3 到家先做作业还是先休息? 8

    1.1.4 为什么孩子容易写反字母? 10

    1.1.5 为什么连简单的数学题都算不对? 13

1.2 如何提升观察力、阅读能力 16

    1.2.1 观察力提升的方法一:清单法 17

    1.2.2 观察力提升的方法二:流水学习法 18

    1.2.3 阅读能力如何提升? 19

21 第二章
读写障碍：让孩子做作业备受煎熬

2.1　读写障碍及其主要表现 22

2.2　关于读写障碍的常见问题 26

　　2.2.1　有读写障碍表现＝智力低下吗？ 26

　　2.2.2　读写障碍就是看不懂文字吗？ 27

　　2.2.3　读写障碍能治好吗？ 27

　　2.2.4　为什么有读写障碍的孩子大都很叛逆？ 27

2.3　应对读写障碍，这些方法很管用 29

　　2.3.1　读写障碍应对方法一：积极鼓励并给关注 29

　　2.3.2　读写障碍应对方法二：采用 1 对 1 辅导 30

　　2.3.3　读写障碍应对方法三：趣味游戏法，在玩中学、玩中练 30

35 第三章
注意力是写好作业的保障

3.1　提升注意力的高效方法 36

　　3.1.1　舒尔特方格法 36

　　3.1.2　心跳法 38

　　3.1.3　夹豆子法 40

　　3.1.4　家务"疗法" 40

　　3.1.5　乐器疗法 41

　　3.1.6　运动促进脑发展 42

3.2　注意力问题切勿"病急乱投医" 44

3.3 "多动症"全名——注意力缺陷与多动障碍症.........................49

　　3.3.1 活泼好动就是多动症？ 50

　　3.3.2 注意力不集中就是多动症吗？ 52

　　3.3.3 电子产品会导致多动症吗？ 56

　　3.3.4 多动症＝感统失调？ 56

　　3.3.5 多动症需要去医院吗？ 57

　　3.3.6 "静待花开"也很重要 58

59 第四章
不会管理时间，再好的方法也没用

4.1 为什么孩子总是"不讲信用"？ 60

　　4.1.1 认识钟表就是认识时间？ 61

　　4.1.2 如何培养孩子的时间观念？ 62

4.2 让孩子自主管理时间..66

4.3 自然后果法，教会孩子遵守时间..................................68

73 第五章
陪写作业前，你还要关注这几个细节

5.1 该不该陪孩子写作业？ 74

5.2 关于陪写作业的实操问题...77

　　5.2.1 "平行陪伴"，孩子作业更安心.............................78

　　5.2.2 "言传"不如"身教"...80

87 第六章
陪写作业实操方法——火箭作业法

6.1 "拖延症"的福音——火箭作业法 88

    6.1.1 火箭作业法操作手册 90

    6.1.2 作业结束如何奖励孩子？ 100

6.2 要想火箭作业法进展顺利，这些细节你必须注意 102

109 第七章
好方法需要长效激励

7.1 陪孩子做作业时能不能打骂？ 110

7.2 让孩子"为自己努力"的方法 111

    7.2.1 自我激励表格长啥样？ 112

    7.2.2 简单4步用好"自我激励表格" 114

7.3 21天帮孩子养成好习惯 122

    7.3.1 情绪宣泄引导是必要的 123

    7.3.2 自我激励表格可以简化吗？ 126

    7.3.3 当心孩子的"行为反弹期" 128

    7.3.4 不断巩固是预防和减少行为反弹的有效方式 128

133 第八章
火箭作业法中，如何走心夸奖和鼓励孩子？

8.1 你会夸孩子吗？ 134

    8.1.1 孩子的归因风格决定了抗挫能力 134

8.1.2 改善孩子归因风格，让孩子更乐观..........................145

8.2 走心鼓励的 4 个黄金要素 147

8.3 夸奖孩子的秘诀 152

8.4 如何给孩子提意见孩子更愿意听？..............................154

157 第九章
"软性作业"多而杂，辅导方法要升级

9.1 何为"软性"作业？..158

9.2 课前预习有风险 159

9.3 适当调整朗诵类"软作业"，大幅提高孩子的语言功底........161

9.4 如何引导孩子利用网络管理自学类"软作业"？.................167

9.5 如何辅导孩子手工设计类"软作业"？.........................169

173 第十章
疏导学习焦虑，让火箭作业法高效执行

10.1 一半以上的孩子正在经历学习焦虑.............................174

10.1.1 怎样判断你的孩子近期有无学习焦虑呢？ 174

10.1.2 表面越"听话"的孩子越容易焦虑 177

10.1.3 消极的归因是学习焦虑的首因 177

10.1.4 不可控的环境容易点燃焦虑 177

10.1.5 大人的焦虑可以传染给孩子 181

10.2 三招搞定考前焦虑...184

191 第十一章
调好孩子记忆力，让火箭作业法更持久

11.1 必须知道的几个记忆特性 192

11.2 有效提升孩子记忆的方法 195

203 第十二章
火箭作业法的"法外之地"——孩子抄作业怎么办？

12.1 抄作业是常见现象 204

12.2 欺骗肯定是道德问题 208

12.3 用情感沟通法教育孩子的道德问题 210

12.4 作业的本质是什么？ 213

12.5 作业好 = 学习好？ 214

12.6 学习成绩好 = 未来的成功？ 215

12.7 家庭作业需要家长检查吗？ 217

219 第十三章
队友配合好，让火箭作业法事半功倍

13.1 孩子是"调戏"家长的高手 220

13.2 教育观念不一致，如何做到"求同存异"？ 223

13.3 不作为也是拖后腿 227

13.4 被边缘化的教育搭档 229

13.5 如何鼓励队友参与孩子的教育 230

233 **第十四章**
好方法离不开与老师的良性沟通

14.1 老师布置作业太多怎么办？ 234

14.2 老师布置作业太少怎么办？ 239

14.3 老师讨厌自己的孩子怎么办？ 241

14.4 如何跟老师沟通自己的教育观点？ 243

14.5 作业出问题被老师约谈怎么办？ 247

14.6 该不该拒绝老师的"越界行为" 252

14.7 如何应对老师的软暴力 254

256 任何教育问题都不可孤立讨论——写在最后的话

第一章

作业写得慢可能与核心能力有关

1.1 作业写不好是因为"作业核心能力"的缺失

作业状况是孩子学习状况的"晴雨表"。排除疾病和特殊情况，**作业写不好大多是"作业核心能力"缺失造成的。**

本章会围绕最重要也最常出现问题的 5 种核心能力展开讨论：

① 作业记录能力

② 作业规划能力

③ 读写能力

④ 观察和阅读能力

⑤ 数学能力

1.1.1 作业核心能力培养的关键期

找我咨询作业问题的家长，孩子多是上一年级和三年级。

一年级的孩子往往没培养好核心能力，三年级的孩子则是因为长大了、不好管。值得深思的是，**到了三年级以后不好管束孩子的原因往往是因为一、二年级没有将孩子的学习核心能力培养好。**

所以，**一、二年级（6-9岁），是培养孩子作业核心能力的关键期。** 对于家长经常遇到的作业习惯问题，我们来探讨以下几点：

1. 孩子需不需要自己记作业？

虽然，现在"校讯通"似乎已成为标配，老师可以直接将作业发到家长手机上。"好脑子不如烂笔头"的时代仿佛已经过去，但是，孩子还需不需要自己记作业呢？我们来看下面的案例：

案例：爱"躲滑"的小瑶

小瑶今年上小学二年级，虽然妈妈每天都会对照老师发来的作业清单检查她的作业完成情况，可是对一些"软性"作业（听读作业）小瑶经常以"在学校做过了"为理由搪塞。后来甚至发展成"硬性"作业（书面作业）也不完成，同样以"在学校做过了，忘记带回家"为理由逃避。每次的作业检查都成了母女俩的"猫鼠游戏"，老师多次找家长投诉但效果甚微，这让妈妈非常头痛。

我接待了这位妈妈，并将妈妈的作业管理流程做了微调——将对照"校讯通"逐项检查的方式改成作业完成"积分制"。每天让小瑶自己记作业，完成成果和作业记录情况都将作为打分指标，作业记录有疏漏或者作业完成程度较低将得不到积分。久而久之，小瑶从每天的被动接受检查开始转变成主动找妈妈检查换取积分。同时，每周设定积分目标，达到积分目标就可以获得一个奖励。

事实上，孩子自己记作业是让他意识到"要为自己作业负责"的第一步。

"作业是自己的事情"这个简单的概念往往会因为某些原因悄悄转移到家长那里。写作业明明是孩子"自主创业"，却总是变成"为家长打工"。"打工者"大多会偷懒耍滑，只有"创业者"才会积极主动。

所以，让孩子自己记录作业，事后再适当检查并不是多此一举。让孩子意识到做作业是自己的事情，老师和家长只是辅助和引导。

另外，记作业可以锻炼孩子的"错误管理能力"。

错误管理能力即及时发现错误的能力。百密必有一疏，能及时发现错误是非常重要的能力。要锻炼这种能力，掌握正确的记作业方法是第一步。

2. 如何教会孩子记作业？

案例：丢三落四的天天

　　天天是个效率奇高的孩子，每天到家放下书包就做作业，而且都能很快且高质量地完成。但是让爸妈头痛的是，天天很容易把前一天的作业忘在家里，导致被老师批评。天天父母找到我后，我用"清单法"让天天很快学会了检查自己的作业，并做到不再遗漏。

　　清单法（checklist）是非常简便常用的错误管理方法。将作业的记录变成每日的检查清单，不但可以培养良好的学习习惯，还方便收拾书包时做二次检查。

　　在记录作业时，我们需要注意以下几点：

　　① 要有一个专用且漂亮的记作业本

　　专用意味着有仪式感，**漂亮**促使孩子爱护好本子。家长需要从一开始就对孩子记作业这件事保持足够的重视和支持，让孩子自己选购喜欢的记作业本，并教会、提醒孩子如何保护并使用好它。

　　② 每天一页，不要怕浪费

　　环保虽然重要，但在记作业这件事上不要怕浪费纸。两天的作业重复在一张纸上，不整齐且容易错漏。所以，一页纸只记录一天的作业是有必要的，这样会有"一天翻一页"的积极暗示。

　　③ 要包含标记"是否完成"和"完成程度"的空间

　　每一项作业旁要留是否完成和完成程度的空间，在记录每项作业的完成情况时可以让孩子与父母一起约定记录"密码"，增加趣味性，让孩子更愿意配合。

作业完成情况表

编号	作业项目	是否完成	完成速度
1	第二课字词默写2遍	√	🚀
2	背诵英语第1课	√	🚀🚀
3	有感情朗读第二课古诗词	√	🚀🚀
4	数学综合练习2	○	🚀
5	数学单元测试卷2张做完	○	🚀
6			

  上图是一位家长给我展示的她与孩子一起制作的作业记录表。其中，"√"代表已完成，"○"代表有难题，小火箭代表做作业的速度，火箭越多代表这一项作业完成的速度越快。这些"暗号"都是孩子和妈妈一起商量好的，每天的作业本就像是"间谍密码本"，只有妈妈和孩子知道是什么意思，孩子会很有兴致。

  当然，记作业的方法还有很多，我只不过挑了一个简单易行的。但无论什么方法，只要能提起孩子记作业的兴趣，帮孩子在做作业前后有条理地整理作业，就是好方法。

  当作业记录好了，下一步就是要养成规划作业的习惯了。

1.1.2 如何培养孩子作业规划能力？

  作业规划能力很容易被家长忽视。很多家长会认为，作业做完了就行，不用管怎么完成。

  其实，有规划和没规划是不一样的。没规划地做作业，总会觉得遥遥无期。有规划地做，可逐步提升自信。

  下面，我们来看一个例子。以下两个选项，如果必须执行一项，你觉得选哪一项会轻松点？

A. 1 个月看 300 页书。

B. 每天看 10 页书，看 30 天。

聪明的你肯定会发现，这两个选项本质没有区别（都是 30 天看 300 页书）。可你会不会感性地认为选 B 项会轻松一点？这就是"目标拆分"和"目标分配"的优点。

如何拆分目标会在第六章中详细讲解，这里先讲如何分配目标。

所谓分配目标，意思就是按照目标的难易、长短甚至是喜好来选择先做哪一项作业，后做哪一项作业。

至于具体该如何选择，得看情况，可以参考下面的表格：

学习状态	作业排序策略
对学习不够自信时	先易后难 或 先简后繁
想加快作业速度时	先难后易 或 先繁后简
状态不好、心情低落时	先易后难 或 从最喜欢的科目开始
状态好、心情好时	先难后易 或 从最为难的科目开始
有些疲惫时	先软性作业后硬性作业

以上方案需要父母和孩子一同商讨来决定，最重要的是根据孩子自己的意愿，多次尝试并找到最佳方案。

1.1.3 到家先做作业还是先休息?

孩子到家是要先休息还是先做作业呢?

我这里有第三个选项——帮爸妈一起边做饭边聊天。

做家务可以提升孩子的注意力。不仅如此,还有一个好处,*一起做饭和吃饭可以增进亲子之间的"学习沟通"。*

写作业之前,围绕今天的学习和校园生活,父母可以更好地了解孩子目前的状况和今天发生的事情,可以增近对孩子的了解。*共同完成一项家庭任务的时候,是彼此心离得最近的时候。*

所以这种一举多得的事情,何乐而不为呢?

下面这些话题可以用于沟通:

① 今天过得怎么样? ——了解孩子的总体心情。

② 今天作业难不难? ——预判孩子的饭后做作业状态。

③ 今天学校有什么趣事吗? ——放松紧张情绪,深入了解孩子的学习生活。

尽量避免争吵和说教，不强求分享，可先从分享身边的事开始。

当然，"至亲至疏"，一开始很可能孩子不愿意和你分享。你要意识到，分享总是相互的，父母可以先说自己的身边趣事，慢慢引导孩子说出他身边的趣事。

也不用奢求第一天尝试就能成功，家里形成这种分享的氛围和文化需要时间。

很多找我咨询的父母一开始会很难为情，可一旦打开了分享的大门，他们总会非常兴奋地找我分享孩子跟他们说了哪些趣事。

当然，也有一些家长跟我说，孩子到家就自觉地写作业，孩子这个状态非常好，是主动学习的标志；也有一些家长说孩子到家会先休息，这也没有太大问题，建议让孩子能自己约定一个休息的时间。

这些都是可以接受的选项，至于如何选择，只要养成适合孩子的一种习惯，都不为过。关键是要有规律，这是良好学习习惯的前提。

但要做好作业，还需要具备一些能力。很多孩子作业做不好的关键问题不在习惯上，而是"能力跟不上"。

作业的核心能力在于"写、读、算",这几个能力提升了,作业一般都能做好。

1.1.4　为什么孩子容易写反字母?

一二年级的家长可能经常会遇到这样的情况:如果孩子经常把"p"写成"q",把"b"写成"d"(或"g"),或者孩子跟你反映过"感觉书本的字母在飞来飞去"(无论是语文课还是英语课)等类似的情况,有些家长会认为孩子不认真,而有些家长会带孩子去医院检查也没有发现孩子大脑有问题,那么孩子很可能是有暂时性的发展性读写障碍(这其实是一种常见的现象)。

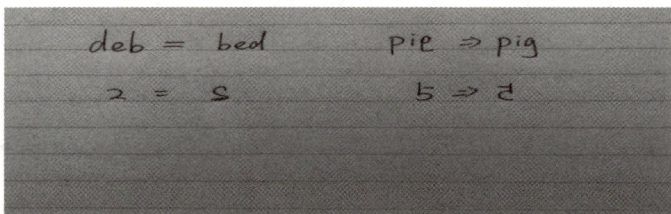

发展性阅读障碍在小学的发生率约为 3%~5%。

遇到类似问题我们首先要意识到,孩子需要更多的关注,他们不是有意与家长"作对",而是想掩饰自己在阅读和书写上的困难,他们不想让家长失望。

这种问题会随着孩子的成长和发育,慢慢恢复或好转(一般在三年级或 10 岁之后)。

如果家长着急或者问题较为严重,可以选择当地权威的语言训练中心寻求矫正。

案例：小明妈妈的苦恼

小明的妈妈最近很苦恼，觉得孩子总是跟自己对着干——字母总是反着写，怎么说教都不改。打也打过，骂也骂过，家长已经无计可施。后来听人介绍，去了当地妇幼保健院的心理科检查，诊断孩子有轻度发展性读写障碍（英文简称：DD）。经过科学的诊断和训练，孩子逐渐恢复。但因为家长经常批评，孩子变得胆小、不自信，问题解决了，但是学习成绩很难上去。

1. 左和右的方位锻炼

孩子大脑发育的节奏不同，有的孩子可能三四岁就对左和右很敏感，有的孩子可能要到 9 岁才能勉强分清，皆属正常。

容易写反字母的孩子有一部分是属于分不清左右导致记不清字母方向，锻炼左和右的方位记忆有助于孩子记忆字母的正确写法。可以通过快速反应游戏（大人快速说出左手或右手让孩子举起对应手臂的游戏）、相关绘本、儿童益智游戏等方式锻炼孩子这方面能力。

2．大拇指法

9 岁之前的孩子有些还未进入到抽象思维运算阶段，用具体的形象表达来代替抽象的字母表达能更好地帮助孩子记忆字母和单词。比如下图中的大拇指法就是一个简单易操作的方法。

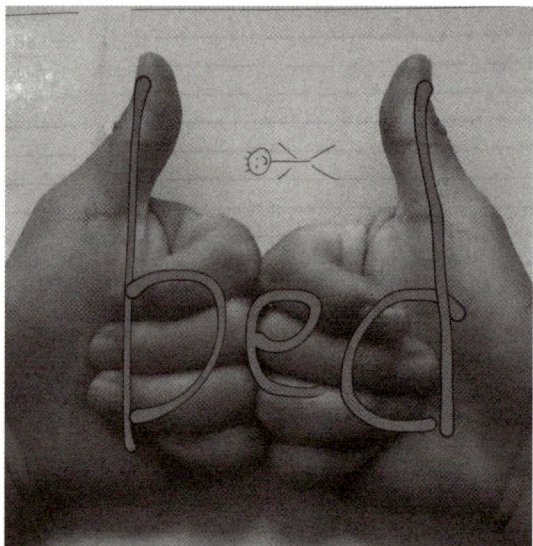

例如在纸上画个小人，用双手做上图的动作，分别表示"b"和"d"，将双手比作床，让小人"躺"在上面。

用这种具体化的方法来告诉孩子 b 和 d 的区别，要比抽象的记忆更容易一些。

当然也可以用大拇指法来表达"p、q、g"，如下图：

也许你已经注意到，如果孩子还未分清左手和右手，这个游戏是无法进行下去的。所以可以先跟孩子进行左和右的方位锻炼，再进入大拇指法的练习。

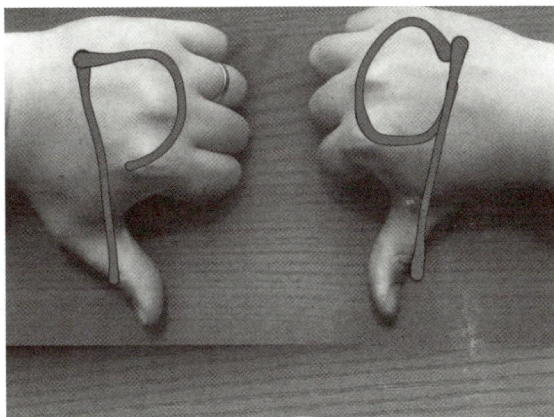

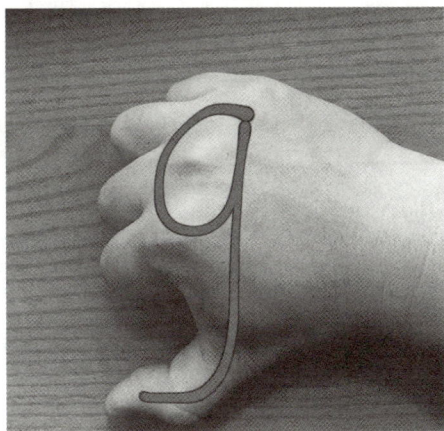

1.1.5　为什么连简单的数学题都算不对?

晴晴的父母一直觉得自己孩子"智力低下"。但通过注意力和智力测试,证明晴晴是个正常聪明的小姑娘。

案例：数学不好的晴晴

晴晴今年一年级，数学考试 38 分。这让晴晴的父母心急如焚。找到我时，我发现晴晴的注意力很好、反应力也很快，但是对于加减法和数字特别不敏感。于是我给晴晴做了一个有趣的实验：

我用两种颜色的巧克力摆成了两排（如上图），问晴晴："这两排巧克力是一样多吗？"晴晴快速点点头。

然后我变换了巧克力的摆放，将金色的巧克力调整了一下，如下图：

再问晴晴："现在呢？绿色的巧克力多还是金色的巧克力比较多，还是它们一样多？"晴晴不假思索地指了一下金色的巧克力，说："金色的巧克力更多。"

我通过上面的实验，查明晴晴数学不好的原因可能是因为存在一定程度的发育滞后。

这有可能是家庭教育和幼小衔接的教育缺失导致的，也有可能是孩子本身的发展节奏和其他孩子稍有不同的缘故。应对此类问题的具体方法我会在第三章详细讨论。

著名教育心理学家皮亚杰对孩子的智力发展有明确的分级。6~8 岁孩子很多处于"前运算阶段"，意思是指这时候的孩子无法将具体的概念抽象化。

前运算阶段的孩子可能无法告诉你"1+1=2"（抽象的）和"1 头大象加上 1 头大象等于 2 头大象"（具体的）之间的区别和联系。

如果你问一个未受过相关数学训练的 3 岁孩子："1 加 1 等于几？"他很可能不知道你在说什么。但是如果你问："我现在有 1 个苹果，然后又拿了 1 个苹果，我现在有几个苹果了？"可能这个孩子很快就能告诉你正确答案。

学龄初期儿童在没有接触数学思维从具体过渡到抽象的训练情况下，小学数学课程会比较难被快速接受。

所以，如果发现孩子也是类似这个状态的话，就说明我们家长需要调整方法。大量的刷题和补课只会让孩子更加厌学和排斥。

最简单的方法可以通过家里的物品（如棋子）、水果（如葡萄）等，帮孩子从具体思维逐渐过渡到抽象思维。

如果家长没有时间或者不知如何教孩子，就找个有相关经验的老师，因为此时孩子需要的是耐心和鼓励，而不是"批评"和"题海"战术。

同样的方法一定会导向同样的结果。当焦急、责骂和无尽的"恶补"都无济于事时，就不要继续走这个"死胡同"。要相信，孩子的作业问题一定不是"无解题"。先找原因，再找寻适合孩子的方法。

1.2 如何提升观察力、阅读能力

········· 案例：一堂生动的作文课 ·········

曾观摩过一位教育专家的一堂小学三年级日常作文课（没有提前准备）。作文题目为"一棵树"。学生们一开始犯难不知如何写。专家问孩子们："你们知道树叶有叶脉吗？"孩子们有的摇头，有的点头。于是专家让孩子们跑去操场的小树下面每人捡一片树叶回来观察讨论。孩子们立刻冲出去又快速回来，分成小组开始兴致盎然地讨论。

过了一会儿，专家又问："你们有没有发现树叶有正反面，一面叶脉清晰，一面叶脉不清晰？"孩子们都摇摇头，立刻转过来继续观察，果然是这样！

又过了一会儿，专家又问："你们知道吗？树木是有心跳的！耳朵贴着树干就能听到。"孩子们瞪大了眼睛，又跑出去用耳朵贴着树干。回来后七嘴八舌地开始讨论自己听到了树的"心跳"声。

"现在可以写作文了吗？"专家微微一笑，没再说话。

剩下的半节课，孩子们都在安静地写作文。

很多家长曾向我抱怨，说孩子作文太差，该如何提高才好。

语言教育学界早已论证：作文写作能力的高低取决于对事物的观察。理解度不是靠阅读和背"好词好句"，而是靠观察思考。所以要想提升作文的写作能力，要先提升观察能力。

在日常生活中，我们可以多让孩子将观察到的事物画下来，最好将细节画到极致。在旅途中、生活中，我们还可以用各种游戏方法锻炼孩子对生活的洞察力。

1.2.1　观察力提升的方法一：清单法

清单法适合旅行途中，锻炼孩子的搜索能力和观察力。

首先，我们要提前制作一个清单，为了引导孩子，可以预先将一些常见事物写上，如下表：

你看到了什么？	摸起来什么感觉？	有什么声音？或者气味？	有什么新发现？
树			
汽车			
湖水			

简单的记录，可以调动孩子的视觉、触觉和嗅觉，孩子可以任意填写，低年级的孩子甚至可以直接用画图来表达，这样我们在路上，都可以和孩子讨论，进一步启发孩子的思考力。

如果同行有多个孩子，效果更佳，可以利用奖励和竞赛的方法激发孩子的动力。

1.2.2　观察力提升的方法二：流水学习法

美国著名的自然教育家约瑟夫·柯内尔（Joseph Cornell）创造了流水学习法，让孩子扮演大自然中的物体，可以加深对大自然的理解。

流水学习法分为 4 个阶段：

第一阶段：唤醒热情。

第二阶段：集中注意力。

第三阶段：亲身体验。

第四阶段：分享灵感。

每个阶段平顺地过渡，像流水一样。

在第一阶段，约瑟夫会让孩子扮演动植物，提升他们对大自然的投入和热情。

在第二阶段，在游戏中，孩子们将通过听觉、视觉、触觉集中注意力，体验大自然的各种特性。

在第三阶段，类似观察力提升方法中的清单法，记录自己看到的每一个事物和细节。

在第四阶段，回顾与总结。归纳观察动物和植物过程中的所见所得和灵感体验。这期间，可以带领孩子观察物体或动物的细节、姿态，然后展开竞赛，找一个人做裁判，看看谁模仿这个物体或动物更像。

锻炼写作能力不一定非要动笔写，写作终归只是一种表达方式，无论是口头还是动笔，先要力求孩子有表达的素材和意愿，再写作文就是水到渠成的事情了。

游戏火热地进行着。尽管学习的是有关食物链的知识，孩子们仍然玩得十分开心。

约瑟夫在《教出孩子的生存力》一书中描述的让孩子体验生态链而做的生物金字塔的游戏

1.2.3　阅读能力如何提升?

　　大声朗读和背诵素材对孩子的阅读理解能力提升有限。只有多动脑思考和勤练习表达才是阅读能力提升的关键。

　　无论是读完一个故事、预习完一篇课文还是参加完一个活动，我们一定要有意识地与孩子在车上、吃饭时或睡前充分讨论。具体讨论可以围绕以下几个主题:

　　"这件事是怎么回事?"

　　"你当时怎么想的?"

"爸爸／妈妈认为这件事是怎样的。"

"你最喜欢哪一点？"

"你最不喜欢哪一点？"

思维碰撞是一个长期锻炼的过程，如果孩子已经与家长有了沟通上的障碍，那么要先改善亲子关系，然后再进行思维碰撞。

大量的阅读固然重要，能提升孩子的阅读速度并扩充词汇储备。但还是那句话，看得多不一定说得出，对文字的理解能力还需要通过思考和复述来提升。

第二章

读写障碍：让孩子做作业备受煎熬

2.1 读写障碍及其主要表现

上一章我们讲过，在写作业过程中，有些问题是因为孩子的读写不好造成的"读写障碍"。那么读写障碍都有哪些表现呢？

案例：聪明的小宝学习很"笨"

小宝是个活泼的小男孩，今年上一年级。让父母头痛的是，上学以来，小宝的每科成绩都很不理想，考试成绩从来都不及格。作业更是让父母焦头烂额。字母写反、应用题看不懂、朗读课文、喜欢随意漏字、添字，非常"不认真"。

可是，说他笨又有点冤枉他，平时他拼乐高、搭积木比谁都快；而且他非常喜欢恐龙，恐龙的名字一叫一个准。父母百思不得其解，写作业和学习对他怎么就那么难呢？经诊断，小宝有发展性读写障碍，经过一段时间的矫正和训练，小宝有了很大的进步，期末考试中，成绩名列全班前十。

你的身边有没有类似小宝这样的案例呢？

世界卫生组织发布的国际疾病分类（ICD10）将读写障碍分两大类：获得性读写障碍和发展性读写障碍。

获得性读写障碍是指后天脑损伤或疾病产生的阅读障碍，这在孩子的作业和学习问题中属于极少数。

发展性读写障碍是指个体在智力、环境和教育条件上与他人无明显差异，听、读、写方面的神经系统也未出现显著异常，但其阅读成绩明显低于相应年龄的应有水平而表现出的困难。

主要表现分三个方面：

读写障碍在识字、认字方面的表现

1. 认字和记忆字词困难，"过目就忘"

2. 错字很多，经常少一笔或多一笔

3. 形近字容易混淆

4. 拼音接近或者发音相近的汉字，尤其是发音相近的汉字

5. 汉语拼音和小写英文字母容易混淆

6. 字母容易书写颠倒或者镜面（如"p"写成"b"，或者"p"写成"q"）

—— 读写障碍在阅读方面的表现 ——

1. 朗读时随意添字或者漏字

2. 朗读时不按文章朗读，随意按照自己的理解朗读

3. 听写成绩差、阅读速度慢

4. 阅读需要配合手指一个字一个字地读

5. 说话表达没问题，但写作文却过于简单，内容单调

6. 抄写速度慢且字迹潦草

—— 读写障碍在行为方面的表现 ——

1. 行为反应不集中或无组织，无法完全按照老师的指示完成，好像只能接收到一小部分

2. 掌握事物的顺序很困难

3. 做事反应过度

4. 分辨距离和方向时有明显困难

5. 很难理解时间的概念

6. 写字间距无法掌握，布局混乱；整理书包和玩具有明显困难

7. 经常被绊倒，平衡和运动能力差

8. 想法跳跃，经常从一个活动或想法很快跳跃到另一个活动或想法

9. 读书、写作均易产生疲劳

　　在日常行为中，如果你认为孩子在写作业方面有上述大部分表现，可初步判断，孩子可能存在一定程度的读写障碍。不过别太担心只要通过科学的方法进行矫正，问题是可以得到改善的。

2.2 关于读写障碍的常见问题

2.2.1 有读写障碍表现 = 智力低下吗？

有读写障碍表现的孩子，并不能说明孩子的智力有问题。相反，他们可能在艺术、创造、领导力等诸多方面表现出较强的天赋。例如达·芬奇、爱因斯坦、肯尼迪、巴顿将军等世界名人都被科学家证实，他们早期的学习成绩低下都是读写障碍导致的，但这并不影响他们在自己擅长的领域做出卓越贡献。

据统计，世界上有 20% 的人拥有不同程度的读写障碍问题。我国相关研究统计，学龄儿童拥有读写障碍问题的比例在 7.5% 左右。[1] 有学习困难的儿童中，约有 70% 的孩子被诊断为读写障碍。[2]

所以，现在的"笨孩子"，很可能长大后就是栋梁。家长不要太过焦虑，更不要给孩子贴上智商低、学习懒惰等"标签"。

1 宋然然.儿童汉语阅读障碍的发生机制研究 [D] 华中科技大学，2006:1-120.
2 王艳碧.& 余林.我国近十年来汉语阅读障碍研究回顾与展望.心理科学进展,（2007）015（004），596-604.

2.2.2　读写障碍就是看不懂文字吗？

读写障碍儿童一般对书写和阅读文字会表现出明显困难，但听力和口头表达能力一般不受影响。

这是因为人的大脑控制语言的中枢有 4 个相对独立的区域。其中控制书写和阅读的区域与控制听觉和口头表达的区域彼此分离。有读写障碍的儿童控制书写和阅读的语言中枢可能存在发育滞缓的问题。

2.2.3　读写障碍能治好吗？

大脑发育有先后，发育滞缓是常事。

有人运动好点，说话时间晚一点，说明运动中枢发育快点，语言中枢发育慢点。

有人观察力强点，听力弱一点，说明视觉中枢发育快点，听觉中枢发育慢点。

不过这些都会在孩子大约 10 岁时发育完全。读写障碍表面上是令人焦虑的，因为达不到老师的一般要求，与其他孩子相差甚远。但从长远看，其实没那么可怕。用下面提到的方法耐心引导才是明智的策略。

2.2.4　为什么有读写障碍的孩子大都很叛逆？

案例：老跟家长"对着干"的小磊

小磊是个聪明的孩子，但是在二年级被诊断为读写障碍。除了在读写训练老师那里可以很好地配合，其他时候都好像很"叛逆"——在家不愿意配合家长大声练习朗诵；在学校不愿意做练习，甚至故意将作业本画得乱七八糟，阻止老师批改自己的作业。

学习遇到困难的孩子往往都会表现出明显的"懒惰"和"叛逆"的行为。为什么呢？

这是非常常见的"自我保护机制"——小磊为了不让老师看到自己容易出错的作业，故意画得乱七八糟。

我从未见过读写障碍的孩子通过训斥和补课得到矫正和解决的案例。相反，焦虑的父母会养出反抗、没有安全感的孩子。接纳、包容和鼓励会让孩子放下内心的隔阂，更愿意配合科学的训练。

2.3　应对读写障碍，这些方法很管用

2.3.1　读写障碍应对方法一：积极鼓励并给关注

传统教育理念倾向"短板理论"，好像"补全不足"要比"扬长避短"更重要。

但在读写障碍的孩子身上，这种理念往往无效且适得其反。"题海战术"会使孩子疲于应付，一次次的失败不断告诉孩子"你永远不如别人"。

如何鼓励呢？鼓励孩子并不是单纯的夸奖，更不是"硬夸"——明明做得不好，还夸做得好。而是要告诉孩子两个大方向：

一是"虽然我这方面不太好，但我其他方面很棒。"

二是"虽然现在我不擅长，但努力以后会有改善。"

积极心理学引领者、曾担任美国心理学会会长的马丁·塞利格曼教授认为，长效良性的鼓励是要让孩子对事物有正能量的归因，避免孩子因为一件事而全面否定自己。

鼓励孩子的常用话语和具体操作方法可以参看第八章的内容。除了积极地鼓励，还要对有读写障碍的孩子给予特殊和科学的关注。

2.3.2 读写障碍应对方法二：采用 1 对 1 辅导

要注意，这种辅导不是报名上个普通的辅导班或者随便找个老师给孩子讲题或大量练习，这样只会让孩子更困扰。

对读写障碍的孩子的辅导有以下几个原则：

首先，最好采用 1 对 1 辅导，避免相互比较而产生更多的自卑。

其次，训练内容要有针对性，具体训练方法会在下一小节详细描述。

最后，训练难度要相对容易，让孩子感觉可以胜任。

我国对读写障碍的研究还处于起步阶段，市场上培训中心的水平也参差不齐，且价格昂贵，不宜轻信非权威机构的建议。当然，如果能找到家长认可的专业医生或咨询师自然最好。

2.3.3 读写障碍应对方法三：趣味游戏法，在玩中学、玩中练

下面就简单介绍几个常见、易操作的读写障碍矫正方法。

1. 针对字母、数字的识记训练

（1）方位训练和大拇指法

多半读写障碍的孩子方位识别能力较弱，以至于无法区别形近字母的开口方向的区别（如 b 和 d）。所以先让孩子学会识别左右方位，再用大拇指法帮助孩子辨别字母是较为常用和简便的方法。上一章已对此

方法有详细的解释，这里不赘述。

（2）橡皮泥法

在咨询过程中，发现一个很有趣的现象是，读写障碍的孩子可能无法快速正确的写出 b 和 d，但是用橡皮泥摆出这两个字母却并没有那么难。我们在训练孩子识别字母和数字的时候可以使用橡皮泥辅助，用橡皮泥代替书写，让孩子逐渐熟悉相近字母和数字的"长相"。

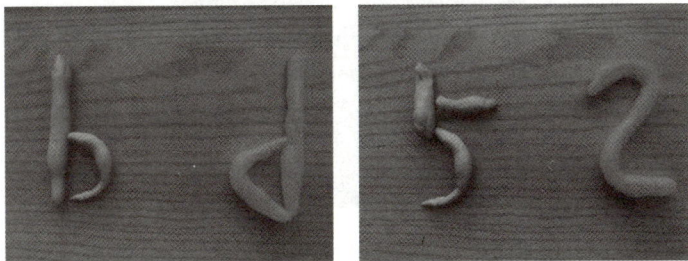

当然，用橡皮泥只是相对书写得更有趣一点、容易一点，但并不代表没有难度，仍然需要家长较大的耐心和引导。一开始父母可以让孩子对着放大打印出来的数字摆橡皮泥；第二步，可以撤掉数字，让孩子凭记忆摆出指定数字或字母；第三步，在熟练后跟父母比赛，或者跟其他小朋友一起比赛。

需要注意的是，这个方法需要在孩子明确弄清左和右的方位后才可进行，如果一上来就采用这种方法，孩子会更有畏难情绪。

（3）描红法

这个方法很简单，买一本字母或者数字的描红本让孩子练习，增加手部的"肌肉记忆"，熟能生巧。

现在市面上已有字迹凹陷下去的高级描红字帖（如下图），凹陷明显的痕迹可以帮助孩子在视觉和手部触觉方面同时增加感官体验，增强肌肉记忆。

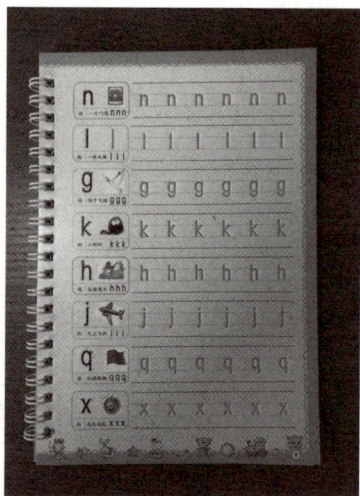

不过这个方法的缺点也很明显，比较枯燥，孩子不一定愿意长期配合，可以与其他方法相互交替使用。

（4）多重感官法

用葡萄和小花的数目代表相应数字，或者空闲时跟孩子一起在空气中画出字母和数字。这两种是较为常用的训练字母和数字的方法。这个方法的原则是，用触觉、嗅觉、听觉等多种感知觉来刺激大脑，让孩子对一个数字或字母产生多个维度的感知，加强记忆。

我们可以利用身边任何常见物体来增强孩子对生僻字的记忆。比如"月"在象形文字中是弯弯的月亮，我们可以拿出"🌙"的图片让孩子加深理解。

还可以在家玩识字游戏：一个人用身体做出一个字的造型，让另一个人来猜。

（5）快速识别游戏

前面几种方法比较熟练后，就可以用快速识别游戏的方法来加强对数字和字母的认知了。具体有两种方法：

第一种方法是用闪卡（一个卡片上写有一个字母或数字）在孩子面前快速闪过，让孩子快速说出闪卡上的数字或字母。这种快速反应的小游戏比较有趣味性，且能加强对字母和数字的熟练度。

第二种方法是在一组形近的字母或数字中找出指定的字母或数字。如右图，让孩子在一排"b"中找出藏在其中的"d"。

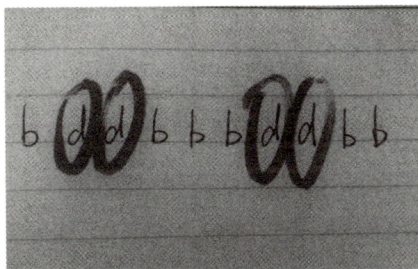

待孩子熟练后，难度可以加大，比如序列的复杂度或者字母、数字的数量。

2. 针对阅读能力的训练

（1）养成做批注的阅读习惯

对于有读写障碍的孩子，可能一段话看了几遍还是看不懂，或者一道应用题读了几次还是不理解意思。

我们可以将简单的适龄童话绘本当作训练材料，让孩子将认识的词语标记出来或将喜欢的段落用波浪线画出来，帮助孩子理解文字材料。二年级以上的孩子还可以将自己对这段话的理解和感想简单标注在文字旁边。另外，家长还可以在一开始和孩子一同讨论该在哪里做标记、如何做标记。先一句话、一句话地练习，熟练后再一段话、一段话地练习。最终让孩子可以自己学会做批注阅读。

此方法属于"精读"方法，因此阅读速度不在训练的目标中。重点不是阅读量，而是每次阅读中家长可以通过批注判断孩子是否真正读懂了文章。阅读速度可以等孩子的读写困难得到一定矫正后再训练。

这种阅读习惯对不爱阅读或阅读理解能力需要提升的孩子也大有益处。

（2）复述法

复述和与家长讨论是提升阅读理解能力的有效方法。

我们可以先让孩子看一句话（同样可以先拿容易的适龄阅读绘本做材料），然后让孩子用自己的话讲解这句话的意思。

这个方法的好处是，我们可以利用这个方法了解孩子对句子意思理解的漏洞在哪，从而加以提醒和补足，同时提升孩子的阅读理解能力。

另外，在每天睡前，家长如果有给孩子读故事的习惯，可以在故事读完后跟孩子讨论这个故事告诉了我们什么道理，从中学到了什么，喜欢故事里的哪个部分，不喜欢哪个部分，给孩子一个总结和概括的锻炼机会。

读写是一门技能，技能缺失不代表智力低下。就像有人学开车很快，有人学开车很慢。只是操作技能水平的区别，不是智力问题。

既然是技能就可以通过科学训练得到提升或矫正。但提升的效果因人而异。就像有人擅长说话，而有人擅长开车一样。人人都有自己的优劣势，不用过分强求。而作为家长，更重要的是发现孩子的长处，发展优势，找到合适的方法补足劣势。

第三章

注意力是写好作业的保障

3.1　提升注意力的高效方法

孩子写作业慢、注意力不集中的问题，一定可以挤进"孩子学习问题榜单"前三名。很多家长遇到这样的问题，第一个跳入脑海的词就是"多动症"。家长们，请不要随意给孩子"贴标签"。

无论是否为多动症，你可能都在为孩子的注意力发愁，尤其是在写作业的时候。

一会儿东摸摸西碰碰，一会儿跑出来跟妈妈聊聊天。好不容易写完了作业，也已经到了深夜，影响了睡眠，也影响了其他安排。

注意力是一种能力，是可以通过科学的练习加以提升的。下面将我在咨询过程中验证过多次非常有效、简单且易操作的注意力提升方法介绍给你。

3.1.1　舒尔特方格法

舒尔特方格（Schulte Grid）是在一张方形卡片上画上 1cm×1cm 的 25 个方格（降低难度的 9 格表、16 格表和提升难度的 36 格表，25 格表一般认为是标准表格）。格子内任意填写上阿拉伯数字 1～25 等 25 个数字。训练时，要求被测者用手指按 1～25 的顺序依次指出其位置，同时诵读出声，施测者一旁记录所用时间。数完 25 个数字所用时间越短，注意力水平越高。

在实践操作中，舒尔特方格法既可用于检测注意力，也可用于提升注意力，是心理咨询师和家庭教育咨询师常用的注意力检测和提升手段。

依据我在实践中的真实案例经验，家长可以通过下表中的时间判断孩子的注意力达到何种水平：

表格种类	最初练习时的合格时间	熟练后或优秀时间
9 格表 （适合 3~5 岁儿童）	9~12 秒	9 秒或更短
16 格表 （适合 6~10 岁儿童）	20~40 秒	16~20 秒或更短
25 格表（标准表格） （适合 7~99 岁）	30~50 秒	25 秒或更短

我们可以从 9 格表开始让孩子尝试，待逐渐熟练后，慢慢提升到 25 格表。

在使用这个方法时，还需要注意以下几点：

① 一定是 1 cm×1 cm 大小的方格，过大或过小会导致测量不准确。如果条件不允许、无法自己绘制，可以上网购买成品。

② 表格中的数字一定要随机排列，且不能重复使用同一张表格。因为记住了数字位置而加快速度并不代表注意力真正的提升。

3.1.2　心跳法

解决疲劳驾驶的最佳方法是——刹车。

大脑累了、学习情绪低落时，给孩子布置更多的学习任务只会"火上浇油"，放大孩子的厌学情绪。

这时候最好的方法可能是——放下书本。

每位家长都希望自己的孩子优秀，不想让孩子输在起跑线上，但是偶尔的调剂，会让孩子的学习效率有质的提高。比如，让孩子运动，让孩子的心跳达到 160 下。

运动学家和生物学家多年的研究表明，人的心跳达到最大心率的 80%（160~180 次 / 分钟），反应速度和注意力最强。

美国哈佛大学临床医学院副教授约翰·瑞迪在他的《运动改造大脑》中讲述了一个真实的案例：

案例：运动后的奇迹

在美国内伯维尔区的一个高中，学生每天第一节课的任务很简单——快速奔跑 1600 米，这期间要保持心跳在 185 次以上。

就是这样一个小的改变，一个学期结束后，这些学生的阅读理解能力平均上升了17%，总平均分上升到全州第一名。

每天放学回家，当你发现孩子精神萎靡，有些"懒懒"的时候，先别急着让孩子从书包中拿出作业或用更多的学习任务继续压着孩子。而是先带孩子做1~2分钟运动提升心跳吧！

快速高抬腿3组，每组30次；

快速冲拳，持续1分钟；

快速蛙跳50米；

跑楼梯3层楼……

简单的一两分钟运动就可以轻易将孩子的心跳提升到180次左右。然后再去写作业，你可能会发现孩子的眼神是放光的、动作是迅速的。

不过需要注意的是：忽然高强度的运动有可能会有健康风险，所以，一定要在运动前做充分的准备活动，并确保孩子状况良好。一旦身体不适，要立刻停止。

3.1.3 夹豆子法

需要材料：30 颗黄豆，2 个空碗。

游戏规则：要求孩子用 2 个手指（10 个手指可以随机组合，最开始可以降低难度，先用同一个手的大拇指和食指），将黄豆从一个碗夹到另一个碗里。

为了增加游戏趣味性，可以邀请小伙伴或者家长来一起比赛。

比如，可以先难度加大：单用食指和中指夹豆子，看谁在固定时间夹得更多，又或者可以固定夹豆子的数量，比谁夹得最快。

手部的精细动作需要动用大脑大量的资源（约 30% 以上），所以手部精细动作的好坏影响着孩子的注意力和作业速度。

这个游戏看似简单、低"技术含量"，但它几乎模拟了孩子写作业时的场景，并锻炼了孩子写作业时所需的手、眼、脑技能。

① 手眼协调才能保证豆子不在中途掉落，这近似于写字时握笔和看书时的手眼协调机制；

② 手部用力必须精确才能很稳地夹住豆子，尤其是难度较大的单用食指和中指夹豆子，这锻炼了孩子握笔时手指的用力程度。

③ 当进行夹豆子比赛时，孩子需要记住夹多少豆子，还要顾及时间。在专注夹豆子时还要兼顾时间和豆子数量，这等同于写作业时要兼顾质量和速度，锻炼了孩子的注意力分配。

每天饭后玩一玩，不但可以放松心情，还可以提升孩子兴奋点，学习时的注意力就会慢慢开始集中。

3.1.4 家务"疗法"

"你只要好好学习，家里其他事不用管。"可能是很多家长对孩子的日常教诲。

可家长不知道的是，做家务可以很好地培养孩子的注意力和统筹能力。所以，做家务不但可以帮助分担家庭负担，也是对孩子很好的训练。这是个长期利好的方法。

就拿刷碗来说吧：

① 我们首先要有足够的手指力量能握住蘸有洗洁精的碗筷，才可以锻炼手指的力度和灵活度。

② 先刷筷子还是先刷碗，还是先刷盘子？如何叠放这些餐具是个逻辑问题，可以锻炼孩子的统筹安排技能。这跟收拾书包和思考先做哪个学科的作业是相通的。

③ 刷碗的动作其实是高难度的手眼协调技能，熟练之后，孩子的手眼协调提升了，感统技能就会提升。

所以，做家务的好处多多。简单的家务就能锻炼孩子很多和学习有关的核心技能，所以不用担心孩子做家务会影响学习。至少，孩子学习不好，绝对不会是做家务耽误的。

3.1.5 乐器疗法

80% 左右注意力缺失的孩子唱歌都跑调。

对音律的把握是一种高级技能，能让我们的大脑更聪明。而且，有研究表明，在大脑中，音律技能和注意力技能的主管区域有一定重合，两种技能往往会相伴提升或缺失。所以，学习一门乐器可以长期锻炼大脑、提升注意力。当然，要合理安排时间、劳逸结合，不要影响必要的学习时间。

很多时候我们往往会进入死胡同：作业写不好就布置更多的作业。但诸如做家务、运动、玩乐器这些看似"不务正业"的方法反倒能更好地提升孩子的注意力和写作业能力。当孩子注意力有所缺失甚至是患有多动症时，家长要做的一定不是贴标签或增加孩子和自己的压力，而是积极寻求权威诊断和科学方法。要记住一点：方法总比问题多，暂时没找到方法，不代表只能选择绝望。

3.1.6 运动促进脑发展

有人说奶粉里的 DHA 有助大脑发展；

有人说吃核桃，可以补脑；

有人说吃猪脑，孩子更聪明。

殊不知，大脑是人的司令部，可不是你想补什么就能补什么的。

大脑作为人体的"首脑"血液里的物质不是随便就能进入大脑的。这种机制称为"血脑屏障"。我们常吃的营养品一般都是大分子物质，血脑屏障会将我们吃的大量体外营养物质都拒之门外。

所以给孩子补得体重上去了，智力却不见长。运动是大脑唯一的营养品。

运动可以促进身体分泌大脑发育必需的营养因子和血清素（治疗抑郁症的主要成分），促进孩子的大脑发展和写作业时的安定能力。这些都是身体自身分泌的，安全有效无污染。

案例：绝望的壮壮妈妈

壮壮来到我这里的时候目光无神，不是那种看起来就很有"灵气"的孩子。壮壮作业写不好，考试成绩门门垫底。壮壮妈请了好多家教、报了好多补习班，收效甚微，这让壮壮妈很绝望。老师对壮壮也没抱什么希望。

在对壮壮做完一系列检测后，发现壮壮的注意力存在缺失，结合医学诊断，推测是发育滞缓导致感统失调。

于是我给壮壮制定了为期 3 个月的注意力训练 + 运动计划，并要求妈妈停止给壮壮报的一切补课班，留出时间来运动。

壮壮妈妈不理解为什么运动要比学习还重要。

我的理由很简单："同样的方法只能导向同样的结果，既然一整年的补习都无效，那么补习的方法就很可能是无效的，应该停止。"

我继续说："另外，运动和注意力训练需要时间，休息也很重要。"

壮壮妈妈勉强同意并按照计划执行。

3个月后，壮壮再来我这里时，两眼炯炯有神，成绩进步到班级中等水平，作业速度也显著提高。

每天的科学运动是让孩子更聪明的有效方法之一。当然，运动的种类可以有选择性。注意力不足多与大脑协同工作能力较低有关，所以，四肢协调类的运动更能高效提升孩子的注意力。

游泳、网球、攀岩都是较好的运动。当然，运动的选择也要尊重孩子兴趣。但只要每天充分、科学地运动，孩子一定会更聪明。

3.2 注意力问题切勿"病急乱投医"

在孩子的教育大方向上，我觉得有几点值得分享：

① 作业问题只是表象，身体发育和家庭教育问题往往是根源。

② 学习问题是系统性的问题，想用单一方法快速解决问题往往只是一厢情愿。

如果大家认同上面的这两句话，我想大家一定已经具备了足够的勇气和耐心去解决孩子的作业问题了。

耐心是解决孩子注意力问题的关键。因为一旦失去了耐心，很可能会"病急乱投医"，让事情变得更糟。

持续的责骂和失望的表情会深深印在孩子的脑海里，就算以后随着身体的发展，作业问题解决了，孩子也会因为习惯性否定自己而导致学习成绩下滑。这在心理学中被称为习得性无助。

在养育孩子过程中，一定要坚信一个信念——方法总比问题多。

当学习问题一旦超出了家长的认知范畴，家长的无力感油然而生，孩子会被认为"有病"，要去看医生。

看医生我不反对，现在的临床医学和脑科学技术也确实可以检测出孩子的某些发展性问题。但如何针对孩子学习问题找寻"对症"的科室可能会让家长很迷茫。

1. 先去正规医院全面检查

如果作业问题已经是一个很头痛的"无解"问题，那么建议先带孩子去正规医院做全面筛查，确保大脑和身体发育没有问题。

案例：从"天才儿童"到"问题学生"

小米是班级有名的"天才"，也是出名的"问题学生"，一年级时已经自学学会了因式分解。但是从不听老师指挥，上课随意走动、讲话、作业不做或字迹潦草。这已严重影响了正常的学校教学秩序。学校要求家长陪读了一个学期，但是收效甚微，现在面临被劝退转学的危险。

无奈之下求助医院，才发现孩子患有"阿斯伯格综合征"（属于自闭症谱系）。经过半年的训练和矫正，在二年级时已能适应了正常学校学习。

很庆幸，小米妈妈较为及时地在学龄前带小米去医院做了全面的筛查。不然，后果不堪设想，很可能小米将会在痛苦和无助中度过自己的早期学龄生活。父母也将在煎熬和失望中不知所措。

所以，当学校的正常教育和家长的家庭教育无法解决时，可以去医院全面检查，筛查孩子在大脑、神经系统方面有无明显问题。找到症结，至少不会让问题变得更糟。

2. 如何选择医院

选科室前先选医院，医院选得不好，有可能会造成误诊甚至被欺骗。

（1）正规医院一定是首选

一般的城市都会有正规的妇幼保健院或儿童医院，可以选择口碑较好的专业医院或综合医院的儿科分院。

但需要注意的是：广告做得足，不代表是好医院，甚至家长们口口相传的医院也不一定是好医院。比如之前火爆的"封针疗法"治疗"脑瘫"（事实上大部分儿童并不是真正的脑瘫，仅是常见的发育滞缓），还有"电击疗法"治疗网瘾。家长趋之若鹜，后来才知道害人不浅，追悔莫及。

案例：可怕的"营养液"

小果上小学三年级，上课时经常自己走出教室在学校操场转悠，作业也不做，老师和家长都管不了。儿科医院诊断小果患有较为严重的焦虑症。

但小果妈妈不信，于是找到了某家"著名的"的私立医院。医生说孩子需要在膝盖内注入"营养液"，每周注射一次，而且注射的时候不允许家长陪同，需要医生单独在一个封闭的小屋与孩子单独相处并注射。持续了半年之久，情况依旧没有好转，孩子痛苦不已。

无奈之下才暂停疗程，最终相信学校指派的心理专家，并寻求正规心理医生的认知训练和药物治疗，短期内得到了良好改善。

在选择医院和治疗方法上，有以下几个原则可供家长参考：

① 正规儿科医院是首选。

② 号称包治百病的疗法99.9%都是骗局。

③ 不要轻易接受可能对孩子造成身体或精神伤害的治疗方法。

④ 不要着急下定论，全面检查后再综合专家建议做出理智决定。

⑤ 不要被诊断结果吓到，很多名词听起来可怕，但其实很常见。

（2）正确选择挂号科室

很多孩子在一、二年级出现的问题，往往是在学龄前（3~6岁）就出现了，只不过到上学后才被家长关注。

如果你是较为敏感的家长，在学龄前便已发现孩子的问题但又不太确定的时候，就可以先去医院检查，尽早发现问题症结。"儿童早期发展科""儿童心理科""儿童神经科"等科室可能是你的首选。

一般常见的诊断方法可能会有下面几种：

1. 量表法

让孩子在医生引导下填写科学权威量表，用来筛查孩子的行为、智力和家庭教育等情况。

2. 绘图或沙盘法

孩子年龄较小无法清楚表达，使用画图或沙盘摆件探寻孩子的内心世界。

3. 脑成像检查

检查是否有器质性病变的最直接方法。可能会用核磁共振（MR 或MRI）、脑电图等已经常见的检测手段。

还有其他诊断方法，比如平衡测试、运动测试等。总之，科学的诊断方法很少会对孩子造成伤害。如果医生提出从未听说过的检测方法，而且还可能会对孩子造成明显伤害的，要慎重。

当然，我们也可以询问医院大厅的咨询台，选择针对性科室就诊。

（3）医生让给孩子吃药，该不该吃

看病吃药其实是很正常的。虽然"是药三分毒"的传统理念深入人心，但是一些心理病症确实是可以通过药物改善，且副作用不大，但具体吃或不吃，还是要家长自己决定。

如注意力缺陷多动综合征（简称多动症）、焦虑症、抑郁症人群确诊后，医生都可能会建议确诊病人服用一些药物帮助调理。

虽然可能服用药物后会伴有暂时的嗜睡、情绪低迷、食欲不振等副作用，但这些药物也能明显改善孩子的行为，让孩子体验到行为修正后的好处，强化家庭教育和行为、语言训练的成果。

我也不鼓励所有孩子在任何情况下都吃药，毕竟药物治疗要结合行为治疗，具体效果也是因人而异。

也许看到这里你可能还是会有些害怕，心想："不就是个作业问题，怎么还牵扯出那么多吓人的事情，还要看医生？"

当然，孩子作业出问题的大部分原因都不是身体"生病"或者"有缺陷"，但是科学权威的医学诊断总比瞎猜和贴标签要好得多。

孩子的教育问题隐蔽性强，看到的表面行为可能只是问题的冰山一角。所以，我们要做的不是简单粗暴的教育，而是变换不同的方法不断尝试。

3.3 "多动症"全名——注意力缺陷与多动障碍症

1902 年，有个英国儿科专家叫 George Still，他给一群好冲动、注意力不容易集中的孩子归为了一类，然后发表了论文。当时没有名字，经历了将近 100 年的讨论，在近代，精神病学把这个"病"叫作"注意力缺陷与多动障碍症"（Attention-deficit Hyperactivity Disorder，简称：ADHD）。中国医生和学者经常将此简称为"多动症"。于是"多动症"这个名字就流行起来了。多动症是病，且很常见。在中国儿童中，多动症发病率在 6% 左右，这并不代表孩子"脑子有问题"，更不说明这病治不好。

诸多研究证明，多动症的主要成因并不是脑损伤，而是跟先天因素和神经系统发育有关。多动症可以通过行为矫正和药物治疗得以改善和痊愈。

—— 案例：宝宝被父母怀疑"多动症" ——

一个宝宝生性好动，从小运动能力超强。1岁就可以抓着家里的跑步机做后空翻。现在 4 岁半，每天都喜欢爬高爬低。逐渐长大，家长也更难管，尤其是到了叛逆期，更是让家长焦头烂额。听朋友说孩子可能是多动症，于是焦急地过来找我咨询。

3.3.1 活泼好动就是多动症？

很多家长一听到"多动症"这个词，再回头看看自己家里那个"小阎王"，就觉得怎么看怎么像多动症。

其实，医学界对多动症有严格的界定，不是我们想当然地认为活泼好动的孩子都是多动症。

美国精神病学会《精神障碍诊断和统计手册》第 5 版（DSM-V，2013 年）对多动症中多动 / 冲动行为的诊断特征如下："这同时也是一个自评量表，家长可以依照下面的说明，对孩子的行为进行评测，符合的打'√'"：

多动/冲动行为的评价表

下列症状存在6项（或更多），持续至少6个月，达到与发育水平不相称的程度，并影响了社会、学业、职业活动。

注：这些症状不是对立行为、违抗、故意的表象，也不是因为不理解任务或指令引起的。年龄较大的青少年和成人（17岁以上）至少需要符合下列症状中的5项。

☐（1）经常坐不住，手脚动不停或者在座位上扭来扭去。

☐（2）在教室或者其他需要坐在椅子上的时候，经常离开座位（如：在教室、办公室或其他工作场所，或其他需要留在位子上的地方）。

☐（3）经常在一些不适合的场合跑来跑去或爬上爬下（注：年长儿童或成人可能仅有坐立不安的主观感觉）。

☐（4）经常无法安静地玩耍或从事休闲活动。

☐（5）经常活动不停，好像"被发动机驱动着"一样（例如：在饭店就餐或开会需要耗时较长时，不能保持安静或感到不舒服，可能被其他人理解为烦躁不安、难以相处）。

☐（6）经常话多。

☐（7）经常在问题没说完时抢先回答（例如：在交谈中抢话头，不能等待按顺序发言）。

☐（8）经常难以按顺序等着轮到他/她上场（例如：排队等待）。

☐（9）经常打断或干扰别人（例如：打断对话、游戏或其他活动，不问或未经别人允许就开始使用他人物品；强行加入或接管他人正在做的事情）。

评价表中如有 6 项或以上的项目被打钩，建议前往医院咨询专业儿科医生。

所以，孩子是"活泼好动"还是"多动症"，不是自己想当然地判断，是有具体标准的。

3.3.2　注意力不集中就是多动症吗？

案例：小羽的"选择性"多动症

小羽是个很活泼的二年级学生。但妈妈很头痛他的作业问题：做作业总是坐不住，过 5 分钟就要起来喝水；再过 10 分钟又要出来跟爸爸商量个事情；玩笔、玩橡皮更是常有的事情。妈妈觉得他写作业注意力特别不集中，于是怀疑小羽有多动症。

来找我咨询时，我问及小羽在学校的学习状况，妈妈说小羽喜欢数学，上数学课表现很好，还是班里的数学课代表，但是语文课就坐不住，经常有小动作。经过更进一步的诊断，我判断小羽并不是多动症。小羽妈妈不理解，我解释道："多动症可不挑学习科目，小羽的注意力不集中主要还是因为学习兴趣和动力不足。"妈妈恍然大悟。

注意力不集中是很多孩子的"小毛病"，但有些时候因为这方面问题特别突出再加上学习不好，家长很焦虑，容易认为孩子"有病"。

有这种逻辑的家长往往忽略了孩子的大脑发展的阶段性、家庭与社会环境和学习动力缺失等诸多因素同时影响着孩子的行为。

当很多家长问我自己孩子是不是多动症的时候，我会告诉他们一个很实用的小技巧："观察孩子看动画片或玩电子设备的时候能不能集中注意力。"

注意力不足≠多动症。注意力不足与多方面因素有关：

注意力跟兴趣有关。比如喜欢的学科上课能认真听讲，不喜欢的学科就容易"开小差"。手机游戏可以玩一整天，做作业却坐不住 5 分钟。往往这些行为表明，孩子注意力不足是假，学习动力不足是真。

注意力也跟意志力有关。再有趣的学科都有枯燥的时候，这就得让孩子有一定的"定力"，能控制自己的行为、坚持度过枯燥和困难的学习部分。

注意力也跟事物多样程度有关。为什么孩子喜欢动画和游戏？因为往往这些事物色彩艳丽且变化多样、不枯燥，容易引起孩子连续性的关注。与之相比，书本上的知识呈现形式就显得枯燥了许多。

那么如何判断孩子注意力是否缺失呢？是有科学标准的：

同样援引美国精神病学会《精神障碍诊断和统计手册》第5版（DSM-V，2013年）对多动症中注意力缺失的诊断描述，这同时也是一个自评量表，家长可以依照下面的说明，对孩子已经出现的行为打"√"。

············ 多动/注意力缺失的评价表 ············

以下症状中符合6项或以上，持续至少6个月，程度达到与发育水平不符并且间接影响社会及学业、工作活动。

注：这些症状不是对立行为、违抗、故意的表现，也不是因为不理解任务或指令所引起的。年龄较大的青少年和成人（17岁以上）至少需要符合下列症状中的5项。

☐（1）经常在工作、学习或者其他活动中不注意细节、犯粗心大意的错误（例如忽略或者不注意细节，做事不仔细）。

☐（2）在完成任务或者做活动过程中经常难以维持注意力集中（例如在演讲、谈话或者阅读较长著作时）。

☐（3）对他说话经常似听非听（如在无明显刺激因素下也会思绪飘到别的地方）。

☐（4）经常不能按要求完成指示及作业、琐事或者工作上的任务（例如开始任务后很快失去注意力）。

☐（5）难以组织任务和活动（例如，难以组织有顺序性的任务；难以保持材料和所属物在适当的位置；懒散、无组织性、无时间管理观念，常常错过约定日期）。

☐（6）经常逃避、不喜欢或者不愿意从事那些需要持久脑力的任务（如做作业、家庭作业等；对于青少年和成人来说，不能准备报告、完成表格或回顾较长的文章）。

□（7）经常丢失学习或者工作上的必需品（如学习材料、铅笔、书本、工具、钱包、钥匙、文件、眼镜或者手机）。

□（8）经常很容易被无关的刺激分心（对于青少年和成人来说，则包括不相关的想法）。

□（9）在日常生活中健忘（如日常该做的事、被差遣的事；对于青少年和成人来说，回电话、付账单、赴约）。

如果有 6 项或以上的项目被打钩，建议前往医院咨询专业儿科医生。

这里需要特别注意几点：

① 上面提到的两个评价表清单中共有 18 种行为，这些行为必须是持续出现 6 个月以上才有效（这是为了确保行为比较稳定，不是偶然发生的）。

② 每个评价表中存在 6 项或以上特征的才有可能是多动症。

③ 在家长眼里，孩子的缺点容易被放大。所以在判断自己孩子行为程度的时候，家长容易与"邻居家的孩子"作对比。

比如，很不凑巧，邻居家的孩子乖巧可人、内敛不爱说话，再看看自家孩子，第 6 项"经常话多"就被家长默默打了个"√"。而事实上，这只是家长的个人喜好，并不代表孩子真的话多到"异常"。

所以，家长用上面清单给孩子打分时，最好找同样了解孩子的伴侣、家人或老师共同打分，得出平均得分可能会更为准确。

但即便如此，我们也不可以将这个分数作为孩子是"多动症"的唯一依据。测量后将结果拿给专业的儿科医生判断最为妥当。

3.3.3　电子产品会导致多动症吗?

很多人认为是电子产品导致孩子得了多动症。

电子产品可不背这个"锅"。

据相关研究统计,**90%** 的多动症儿童主要来自于遗传或神经系统发育滞后。详细来说,多动症的主要影响因素有:

(1)先天因素(遗传)

神经系统发育滞后可能是主要成因,目前学术界还没定论。但每个孩子都有自己的发展节奏,就像有的孩子走路比较晚、有的孩子说话比较晚一样,发育滞后是儿童发育阶段常见的问题。有 60% 以上的多动症儿童会随着年龄增长而逐渐好转或自愈。人生是场马拉松,短暂的落后并不可怕。

(2)脑损伤

"大脑异常"的多动症儿童在所有患病儿童中占比不到 10%,这个概率还是很小的。需要到正规医院利用脑成像技术才有可能确诊,不是简单的量表和观察就可以确定的。

(3)家庭、社会心理因素

家庭和社会的因素也可能诱发多动症。例如外部的学习压力、来自外界的霸凌事件、家庭的变故等,都有可能在心理上对孩子造成伤害,从而影响孩子的行为模式。

综上来看,单纯的电子产品并不是孩子多动症的主因。先天因素占主导,后天环境的整体影响也可以是诱因。

3.3.4　多动症 = 感统失调?

"感统失调"这个词最近很流行。

所谓"感统",意思就是人通过各种感觉(视觉、听觉、味觉、嗅

觉、触觉、前听觉和本体觉等）从周边环境中获取信息，大脑通过对这
些信息的统合、分析处理后作出决定并产生行为的一整套能力。

孩子受到先天或后天不良因素的影响，有可能导致大脑无法有效组
合这些感觉刺激信息，致使身体无法有效协调运作。这一现象被称为
感觉统合失调（sensory integrative dysfunction, SID）。感觉统合失调的孩
子表现往往跟多动症孩子表现出的行为模式很像：好动不安、注意力不
集中、笨手笨脚、害羞畏惧等。

有研究表明，多动症儿童中有 41% 存在运动协调失衡（运动能力
差）；在我国，有 61.7%~84.3% 的多动症儿童具有感觉统合失调的特征。

这么看来，感统失调和多动症可以说是"近亲"，都源自于神经系
统发育问题。所以，如果孩子有多动症，去专业机构进行感统训练有可
能会有积极帮助，不过在做决定之前，最好咨询一下专业医生的建议。

3.3.5　多动症需要去医院吗？

如按上述方法真的检测出孩子有多动症，该如何应对呢？

马上去医院做进一步诊断。

可能你会不理解，上面说的诊断方法够权威了，还需要去医院吗？
答案是肯定的。

非专业背景的家人或没有医学背景的机构诊断只是初步确认，去了
医院，医生还会运用更全面、专业的方法对孩子进行诊断。最终确诊
了，才能真正证明你的孩子有多动症。不要讳疾忌医或者过度焦虑，所
有慌张和带有偏见的决定一定是错误的。

不要听信外部机构的任何建议，不要轻易服药。只有医生有处方
权，药不能乱吃。

有些时候，儿童精神科医生会给确诊多动症的儿童开一些神经递质类药物。这些药经研究认证对人体没有长期的伤害。但短期副作用可能会有，比如容易打瞌睡、食欲不振等。所以，是不是要吃药、谨遵医嘱，家长要慎重决定。

世界卫生组织建议， 对于多动症儿童要先改善家庭教育，再考虑药物治疗。所以，药物治疗管一时，家庭教育是根本。

不溺爱、不打压、不贴标签，营造积极良好的家庭教育氛围可能是改善孩子多动症的根本。

3.3.6 "静待花开"也很重要

车子没坏可以先不修。

前文说到，有 **60%** 的多动症病例可随着年龄增长逐渐改善。年龄大了，神经系统发育赶上来了，行为自然会变得成熟一些，症状就会有减轻或消失。

如果孩子的行为没有特别影响学习成绩和日常生活，一般不用"过度治疗"。多鼓励孩子和自己放松心态很重要。

第四章

不会管理时间，再好的
方法也没用

4.1 为什么孩子总是"不讲信用"？

—————— 案例："得寸进尺"的鹏鹏 ——————

鹏鹏二年级，平时在家也挺有规则意识。当然除了在玩乐高的时候。

妈妈认为鹏鹏拼乐高的时候没有时间观念且不讲信用——每次都不愿意按照约定的时间结束拼乐高，经常耽误做作业的时间。

比如，约定拼1个小时乐高就要开始学习，也和妈妈一起定闹铃。可是每次时间一到，妈妈过来收乐高，母子俩就会有一场"战争"。

鹏鹏想"得寸进尺"再拼一会，妈妈觉得规则不能破，所以"寸步不让"。这种僵持不下经常让妈妈不知如何是好，还耽误了作业进度。

你是否也遇到过类似的难题？

计划玩半小时手机游戏，时间到了却不愿停止；

计划看 30 分钟动画片，时间到了却不愿关电视；

计划 1 小时内完成作业就可以去游乐园，可是磨磨蹭蹭拖成 2 个小时，按规则不去游乐园了，可是孩子大哭大闹……

一句"没时间观念""不讲信用"解决不了问题，我们还要看问题的根源在哪里。原因主要分两点：

① 不认识时间；

② 家庭规则薄弱。

4.1.1　认识钟表就是认识时间？

钟表是读数，时间是长短，概念完全不同。

很多幼儿园大班的孩子都已经可以轻松识别石英钟的表盘和电子钟的读数，他们可以快速说出时针和分针目前代表几点钟。可是如果你继续问："5 分钟有多长。"可能无法得到准确的答案。

所以认得钟表不一定真正认识时间，人们通常把对时间长短的认知和能把事物合理排序的能力叫作"时间知觉"。那么有没有什么方法可以检测孩子的时间知觉呢？

我们可以和孩子面对面坐好，玩一个游戏：

利用秒表或手机计时功能测试孩子对5秒、15秒、30秒和60秒的评估准确度。开始前家长先告诉孩子："当我喊开始的时候，你心里默数X秒的时间（'X'代表你定好的秒数，时间越久难度越大），时间到了你就喊停。"然后开始计时。当孩子喊停的时候暂停秒表，看孩子估计的时间是否准确。

经过多次练习并让孩子用手机或者秒表体验一下1秒具体有多长，然后多次测量孩子自己的估计时间和秒表的误差。误差越小，说明孩子的时间知觉越准确。

一开始，这个游戏可能会玩得很糟糕，你会发现孩子对时间的长短并没有真正的认知。

那么，如果孩子没有真正认知时间，我们定的闹铃也就形同虚设，孩子仍然不会把握时间。

时间知觉是一种经验和技巧，家长可以通过对孩子科学的训练来提升这项技能。

4.1.2 如何培养孩子的时间观念？

下面给出几个简单的方法培养孩子有更强的时间观念，不拖拉。

案例：关于电视的"战争"

每次妈妈和妞妞的关电视都是一场"战争"。

每次看电视，妈妈都会与妞妞约定关电视的时间。比如，妈妈告诉妞妞只能看1个小时，妞妞答应并定好了闹铃。于是妈妈坐等1个小时，闹铃一响，立刻过来告诉孩子："好了，时间到了，我们要关电视了。"但妞妞却总是表现出很惊讶，不相信那么快就到时间了。不愿意接受、激烈反抗。

妈妈也很生气，不理解妞妞总是这样的"不讲信用"。但这场战争一直在家里"无限循环"且毫无进展。

1. 三点提醒法

所有人面对状态的转变其实都需要"缓冲"。分手、结婚、生子、换工作……孩子也需要"缓冲"，可能还要更久一点。

当你要求孩子忽然从一件事物转移到另一件事物上（比如关掉电视去睡觉），孩子大多会因为没有缓冲而表现出不适应。

你可能会不服气："不是定好闹铃了吗？这还不算心理建设和缓冲？"

爱因斯坦曾向大学生们介绍时间的相对论时说："当你坐在滚烫的火炉上5分钟，你可能以为是1个小时；但当你和一位漂亮的姑娘约会时，坐在长椅上1小时，你可能以为只过了5分钟。"

人对时间的认知是很主观的，尤其是孩子。

一方面，孩子对时间认知并不准确，不一定认可"闹铃的时间是准确的"这样的事实；另一方面，孩子的注意力有限，沉浸在动画片剧情里时，时间是相对短暂的。所以如果没有更多缓冲的话，孩子对闹铃和你都可能是不服气的，甚至会觉得你和闹铃在搞"合伙欺骗"。

所以，在约定的时间段内，我们不仅要在最后的时间节点上告知孩子"时间到了",还要在之前多次提醒,让孩子逐渐意识到"时间快到了",给孩子更充分的"心理缓冲"。

我们需要在下面 3 个时间点提醒孩子:

① 时间过了三分之一。

② 时间过了一半。

③ 离结束还剩 2 分钟。

比如,我们跟孩子约定 30 分钟之内做好一张数学自测试卷。可以在 10 分钟的时候、15 分钟的时候和 28 分钟的时候分别提醒一下孩子,这样孩子对时间的判断将会更加准确。

其他时间不用提醒,也最好不要打扰孩子,避免分散孩子的注意力。

2. 具体指针法

前面章节已经讲过,学龄前的孩子喜欢具体的指引,不一定能理解抽象的提醒。

"半小时做完试卷"的命令对孩子来说可能太抽象,更具体的告知应该是:给孩子看下时钟表盘(如下图),并告诉孩子黑色长一点的分针(下图画圈处)指到"12"就说明时间到了。

也许，即便如此，孩子一开始可能还是很难接受。下一个方法可以做一个过渡。

3．沙漏法

时间是一点点流逝的，但是到底是怎么"流"的呢？这很难用语言表达。

在写作业或者学习的时候，在书桌旁放一个沙漏，利用沙子一点点漏下去的直观表象可以让孩子明白时间流逝的概念。

我在咨询过程中，也常跟孩子玩一些有时间限制的游戏。孩子们喜欢在游戏中间我："还有多少时间？"沙漏就很好地解决了这个问题。<u>还剩多少时间 = 还剩多少沙子</u>。根本不需要向孩子去额外解释时间的概念。

沙漏是常见物品，互联网或礼品店都能买到。家长可以购买多种时间设定的沙漏，方便我们不同时间长度时匹配使用。

不过需要注意一点的是，<u>刚开始接触沙漏时孩子们往往会非常好奇</u>，所以多让孩子玩一下沙漏，消除好奇心很重要。不要在孩子第一次接触沙漏的情况下就直接放在书桌上，相信我，孩子一定不会把注意力放在作业上，而是会想方设法去摆弄这个新"玩具"。

上面的方法能够让学龄前期儿童很好地认识时间，直观感受到时间。但仅仅认识时间就可以让孩子很好地完成作业和学习任务吗？显然不行。

没有良好的家庭规则，锻炼孩子的自主管理时间能力，孩子照样拖拉。

4.2 让孩子自主管理时间

案例："故意拖拉"的小文

小文是个二年级的小男孩，平时聪明活泼，成绩也不错，动作也算迅速。但是做起作业来奇慢无比。7点能完成的作业非要拖到9点才完成。9点睡觉了，也无法做其他的额外练习或看课外书。

我跟小文聊了一次，了解到了一个关键问题——做完作业之后的时间小文从来无法自主安排，都会由父母将课余时间排满，要么读课外书、要么练琴，要么就是做父母额外布置的练习题。小文觉得每天这样很"无聊"。

教育家卢梭说过："儿童教育最重要的原则就是要浪费时间。"我的理解是，在孩子学习某项技能的过程中，要容许孩子不断试错。只有不急于求成，给孩子试错的机会，才有可能让孩子更扎实地学会这个技能。

时间管理技巧就是如此，我们要给孩子足够的空余时间去"浪费"，让他们自己尝试安排时间，多体验、多试错。

小文的拖拉其实很好理解——如果做完作业后还有更多"麻烦事"要做，那还不如慢吞吞地做作业，挨到睡觉，还能少一点负担和任务。反正也没有休息的机会。

所以，作为家长，在可控范围内，可以给孩子更多的自主管理时间，逐渐"放权"给孩子，引导孩子合理安排自己的时间，让孩子有一定的自由度。

不过在给孩子"放权"的同时，还需要注意下面几点：

1. "放权"不等于"放纵"

基本的家庭规则不能放松。比如作业质量不能打折扣，完成作业要高质量才算过关，不然要返工。看电子产品不能超过一定时间，要注意用眼卫生，每看一段时间屏幕需要起来活动 10 分钟，休息眼睛。还有就是睡觉的时间不能后延，要保证充足的睡眠。

2. 每天通过家庭会议民主讨论

父母的引导是必要的。建议在每次做作业之前，开一个小型的"家庭会议"，跟孩子一起谈论、规划作业完成后的时间。

这里需要注意的是，不要表面"民主"，实则"强权"。要避免用命令的口气给孩子提出建议。比如，你可以用疑问句的方式给孩子提建议："你觉得今晚拼一会儿乐高怎么样？光看电视的话对眼睛不好。看电视半小时我建议休息一下眼睛，不然会变近视，以后你就没法做你梦想的飞行员了。"

那么，如果孩子做作业仍然拖拉，如何立规则，进一步督促孩子遵守时间约定呢？让我们进入下一节的内容。

4.3 自然后果法，教会孩子遵守时间

案例：去水族馆的纠结

小雅是个写作业爱"拖拉"的三年级女生。她的父母很想定立一些家庭规则来让小雅明白"作业写得慢会失去很多玩的机会。"有一天周末，他们和另一个家庭商量下午去水族馆玩，但是前提条件是将作业在上午做完，不然下午就不能出去玩了。

小雅很开心地答应了。可是很遗憾的是，小雅拖拉的毛病并没有改善，而且这个周末正好老师布置的作业又比较多，到了出去玩的时间小雅还有很多作业没有完成。

按照约定，爸爸不让小雅出去玩。小雅很伤心，在家里痛哭。妈妈有些心软，再加上与另一个家庭已经商量好出行，也不好忽然取消，于是只得破坏规定，还是带小雅去了水族馆。

上面的例子中，值得肯定的是，小雅父母想用自然后果法来定立规则，告诉小雅抓紧时间的重要性。

自然后果法指的是会告诉孩子自己的行为会产生的后果，并让孩子体验自身行为带来的后果，父母在之后加以引导，改善孩子不良行为的方法。

这是著名教育心理学家皮亚杰提出的教育方法，也是被教育界认为是较为积极和有效的教育方法。

但是小雅的父母在整个操作中忽略了 2 个问题：

1. 没有提前安排好朋友家庭

小雅父母定了一个看似很简单易行的规则，但周围的因素却没有照顾到。尤其是对另一个家庭欠缺考虑，没有告知他们自己会取消行程的可能性。导致碍于颜面，最后不得不让小雅去水族馆。

2. 没有评估好作业量

因为学校这周末布置的作业较多，父母事前没有很好的评估，所以"一上午做完全部作业"的规则本身就有点不合理，所以小雅内心可能也会有些不服气，这就容易造成小雅的反抗。

家庭规则固然是用于日常，但定立规则的时候一定要考虑周全，在第一次实施新规的时候，"提前布局"很重要，过于"随性"往往会带来规则定立的失败。

案例：小美的转变

二年级的小美每天做作业也很拖拉。一天，小美妈妈了解到今天的作业不多，且小美最怕被老师批评。于是跟小美商定："今天 8 点前要完成作业，定时收拾书包，如果到 8 点没做完，也不能做了，但你明天可能会受到老师的批评。"小美觉得今天作业不多，很自信地答应了。在小美妈妈的多次提醒和帮助下，小美仍然没有在8点前完成作业。按照规则，妈妈还是让小美停止做作业，收拾了书包。

小美伤心的流下了眼泪。晚上，小美妈妈偷偷给班主任联系，告知了班主任今晚的事情，恳请班主任明天批评一下小美，班主任答应了。

第二天，小美回到家，妈妈已经收到班主任信息，了解了在学校小美被批评和受罚的经历。于是抱着小美，和她商量如何在今天抓紧时间做好作业，保证明天不再被老师批评。

这一次效果甚好，小美刚过7点便完成了作业，妈妈奖励她可以自由支配自己的时间并允许看30分钟电视。

在上面小美的案例中，假如小美妈妈没有了解当天晚上的作业量，设定时间不合理，也许会导致小美更大的反抗。

假如小美妈妈没有提前跟老师沟通，也许老师可能会因为第二天事务繁忙没有针对性地配合妈妈，导致小美并没有受到批评，被她"蒙混过关"。

假如小美妈妈没有在第二天跟小美讨论如何提升作业速度，也许第二天小美依旧无法完成任务会再次被批评，破坏自信心。

不过幸运的是，这一次，小美妈妈做的很好，小美作业拖拉的毛病也得到了有效的改善。

利用自然后果法改善孩子作业的黄金6步：

1. 提前评估当天作业量，合理设定完成时间；

2. 告知作业未按时完成的不良后果；

3. 预判可能涉及的人和事，提前做足准备，促进规则实施顺利；

4. 温柔坚定地执行规则；

5. 事后给予安慰和帮助，讨论如何改进；

6. 改进后给予积极的认可和奖励。

其实，这是制定家庭规则的通用法则，大部分家庭规则都可以通过这样的模式定立。"自然"的意思是定好规则之后让后果自然发生。而不是任由孩子不守规矩、做作业拖拉。更不是要你做"甩手掌柜"，作业做不好就交给老师处理。

相反，这个方法中最重要的部分就是评估好作业量，并做足准备，保证规则顺利实施。这是小美和小雅执行作业规则时的本质区别。一个预估好了周围环境，一个没有，最终直接决定了规则制定的成败。

另外，提前告知孩子自己的行为即将导致什么后果，会让孩子心理上有所缓冲，更容易接受"自然后果"。

在孩子接受了结果后，家长如果能积极"复盘"，与孩子深入讨论下次如何做可以做的更好，可以让孩子在下一次更容易改善自己的操作。

第五章

陪写作业前，你还要
关注这几个细节

5.1 该不该陪孩子写作业？

看完了前面几章，相信大家已经掌握了解决孩子写作业之前的必要"内功心法"。从这一章开始，将详细讨论陪孩子写作业的具体实操方法。

该不该陪孩子写作业得分年龄段。 低年级陪写作业，是促进孩子的习惯养成。高年级陪写作业，家里会鸡飞狗跳。

理想状态是： 三年级之前，利用两年的时间科学陪伴孩子写作业，养成独立自主的学习习惯，到了三年级之后开始放手，达到"妈妈再也不用担心我的学习"的目的。

但是，理想很饱满，现实很骨感。

----- 案例：离不开妈妈的小糯米 -----

　　小糯米是二年级的学生，让妈妈头痛的一个问题是，小糯米每天必须要妈妈陪着才能高效完成作业，换谁陪都不行。要不然就是作业拖拉，要不然就是完成质量特别差。但因为工作关系妈妈不能一直陪着孩子写作业，她的成绩一落千丈。经过家访和观察发现，妈妈陪孩子写作业的方法有问题。

　　往往很多家长陪孩子写作业会导致孩子越陪越"懒"，对家长的依赖性强、思维不主动，解决问题能力差。

　　哪里出现了问题呢？

　　在我看来，低年级时期陪写作业是可以的，"陪是为了不陪"。如何科学地陪写作业、建立良性的学习氛围、养成独立学习的习惯至关重要。

　　陪写作业主要是为了养成独立学习的习惯。

　　我们必须先接受一个大方向：陪写作业不是为了辅导，而是为了过渡，过渡到自己能独立作业。

所以，如果你陪写作业的时候喜欢对孩子的作业指手画脚，或者孩子随时来问问题都"来者不拒"，那么你给孩子提供的不是帮助，而是依赖。这个依赖是可怕的，会像案例中的小糯米一样，没了妈妈就不能写作业。

5.2　关于陪写作业的实操问题

在陪写作业时，要注意以下几个关键点：

1. 过程中少说话

家长一说话，孩子大脑就停转了。惰性是人的本能，有人能提供答案，自己干吗还要耗费能量思考呢？

所以当孩子做作业的时候，家长要少说话，甚至不要让孩子发现自己正在被关注。家长可以做自己的事情，待在孩子旁边就好了。

2. 温柔拒绝孩子的提问

学习讲究连续性，有难题很正常，但是一遇到难题就问会让孩子养成遇到难题就停止思考的习惯。这个习惯很不好，如果考试时也遇到难题，孩子的大脑也会自动停转，被一个难题卡住无法继续做其他考题，最后导致考试发挥失常。

所以，在孩子作业过程中，如果孩子来问问题，我们可以坚定地拒绝回答，并温柔告知孩子，等作业全都做完了，我们再一起来研究。

3. 劳逸结合、把控休息时间

做作业途中可以休息，但是孩子往往视中途休息为玩耍时间，一说休息就跑去看电视、玩乐高去了。

休息≠玩。

把控好休息时间，让孩子休息的时候还有学习状态很重要。

下面，我会借用几个常见的陪写作业实操问题，将上面三个关键点展开来讲。

5.2.1 "平行陪伴"，孩子作业更安心

座位不同会营造不同的学习氛围，这个问题被很多家庭都忽略了。根据我的观察和总结，下面几种风格是常见的陪写作业的座位模式，大家对号入座：

1. "土财主"风格

父母在旁边看电视、玩手机，孩子埋头做作业。作业做不好就打一下，也不管是否影响了孩子、孩子心情如何。学习氛围的建立更无从谈起。

这样的陪伴风格风险是非常明显的：爸妈像"土财主"，孩子像"苦工"。父母在享受，孩子在"受苦"。做作业也成了帮爸妈干活。

逆反、厌学、敷衍的心理浓厚。作业自然写不好。你可能会不服气："我白天工作那么累，晚上回家看个电视都不行吗？"

这句话有道理，但孩子可不这么想。毕竟孩子每天的学习时间可比家长长多了，还没有"带薪假期"。

2."监管员"风格

孩子写作业，家长做旁边或者在后边看着。一笔一画都要按照家长要求，稍有错漏便是各种责骂。孩子的一切行为要依照家长这个"监管员"的指示，索性就"不"要思考了，家长怎么说孩子就怎么做。这种陪伴风格造成的结果只能有一个：家长崩溃、孩子厌学不独立。

3．平行陪伴风格

在陪伴作业问题上，父母可以与孩子"平行陪伴"——自己也看一本书（最好是纸质书）或者工作，大家各自做自己的事情，互不干扰。

这种模式是我推荐的。

孩子做作业需要安全感。"平行陪伴"模式可以让孩子时刻感受到"爸爸/妈妈在跟我做同样的事情"。

在满足安全感的同时，拒绝过多的交流可以不影响孩子做作业的独立性。

5.2.2 "言传"不如"身教"

孩子习惯养成的唯一途径是模仿，当孩子跟家长做一件相同事情的时候，会给孩子一种"志同道合"的感觉。这时候，家长再也不是"土财主""监管员"，而是与孩子一同进步的"同志"和"伙伴"。这样能为孩子提供足够的"安全感"，让孩子更容易沉浸下来安心学习。

为什么？人是群居动物，社交焦虑是人的本性。

举个简单的例子：当你独自一人在空旷的商场逛街或热闹的餐厅吃饭，会不会感到不自在，不断翻看手机？甚至想赶紧离开？

同伴的陪同会让人更容易认真做事，心无旁骛。相反，当没有人陪伴却要完成很困难的任务时，就很难专注，容易左顾右盼、信心不足。

不过"平行陪伴"听起来不错，但实操上还是会有很多问题。首先要解决的就是"陪孩子时家长该做什么？"

1. 陪写作业时家长应该做什么

最好的操作是看书，而且是看纸质书。即使看电子书也有可能会让孩子觉得"自己的作业没有那么有趣"。

看纸质书会让孩子直观地认为"爸爸妈妈在跟我做一样的事情"。此时，学习氛围最浓。

那如果实在不想看书，还能做什么？

理论上，你可以做任何事情，但不要让孩子看到或吸引孩子的注意力。很多家长会抱怨自己一边用电脑工作一边陪写作业时孩子总是分心，老想过来给家长"帮忙"。

原因很简单，虽然你们都在"忙"，但对孩子而言，电脑显然比枯燥的书本有趣多了。

所以，如果必须要做其他事情或者利用电子产品工作的话，需要预先告诉孩子你在用电脑工作，而不是在玩。

除此之外，要想陪伴好孩子，家长需要在陪伴中遵从下面3个原则。

（1）陪伴前，告诉孩子你要做什么

信任和尊重是相互的。你知晓孩子的作业，那么孩子也有权知晓你正在做什么。不过要用孩子的语言描述。

比如你要制作一个报表，那么在陪孩子写作业之前，我们可以这样提前跟孩子打招呼：现在爸爸／妈妈要做一个非常难的作业，跟你一样。如果做不好，爸爸 / 妈妈明天就要受罚了。我们现在一起加油好不好？"

（2）设立互不干扰的界限

不要奢求道理讲一遍孩子就能懂。即使约定得再好，在做作业过程中孩子可能还会分神，凑过来找你。当孩子凑过来时，我们可以温柔而坚定地告诉孩子：

"这样是不对的，爸爸 / 妈妈在好好做作业，你不应该打扰我，我也没有打扰你，对吗？现在我需要你好好回到位子上，自己做作业可以吗？不然我也没法在这里好好陪你了。"

别生气，别嫌烦。孩子"长记性"需要过程，一次次"碰壁"后，孩子会自然学会尊重彼此的工作空间。

（3）设定小目标，一起完成

写作业时，我们可以跟孩子一起设置阶段性小目标。

比如家长给自己设定看完 20 页书的小目标，孩子设定做完一张小试卷的目标。大家一起开始，一起结束休息。然后继续设定下一个目标，直至完成作业。

每一个小目标的达成，就会提升一点成就感，和爸爸妈妈一同进步的愉悦感更是充实而美妙的。

2. 孩子不会做的题目要不要立刻讲解

不可以。

学习的兴奋点有连续性，中途暂停会影响后续做作业的专注度。

喜欢看奥运会的朋友可能会了解，对抗性运动如排球、乒乓球、跆拳道等，在对手比分领先、势头正盛时我方教练一般会申请"中场暂停"。这样做一方面是为了让我方运动员有时间休整一下，更重要的是为了降低对方运动员的"兴奋点"，打乱对方的节奏。

案例："不懂就问"的小智

小智今年二年级。妈妈和他都很爱晚上看"跑男"。妈妈答应他写完作业可以看重播。

最近，妈妈发现他写作业时特别爱跑出来问问题，尤其喜欢挑爸爸妈妈在客厅看"跑男"的时候。

而且妈妈发现，在给小智讲解题目的时候小智并没有认真听，常常敷衍地附和着妈妈，眼睛却在盯着电视机。

题目讲解完后小智也常常不愿意回房间继续写作业，而是央求妈妈看一会电视再回去。

母子俩经常因此争吵，互不相让，写作业的速度也大打折扣。

写作业也是类似的道理，如果孩子一有难题，就中途暂停让家长讲解，等同于竞技比赛中的"中场暂停"。容易打乱孩子学习的整体节奏，降低专注度。

而且，孩子还有可能会像上面的案例那样，趁机看电视或被大人正在做的事情吸引注意力，写作业的状态早就一落千丈了。

正确的操作方式是：教会孩子将不会的题目做好标记，待到全部作业做完了，再请家长集中讲解。更详细的操作我会在第六章集中讲解。

3. 写作业过程中是否需要休息

需要。

近视的直接原因不一定是电子产品惹的祸，很大一部分是持续用眼不休息。

世界卫生组织调查发现全球有 10 亿人视力受损，如果你不想自己的孩子成为其中一份子，学习过程中适度休息是必须的。

理想状态下，15 岁以下学龄儿童，每学习 30 分钟需要休息 3~5 分钟。

不过你可能会问："不是要求学习有连续性吗？休息了不也算是中断学习节奏了吗？"

合理拆分作业目标是关键。

我们可以将作业拆分成若干个 30 分钟左右的目标，每完成一个目标便休息 5 分钟。这样既能保证休息，每一个学习目标的连续性也不会被打乱。

关于如何拆分目标，我会在第六章"火箭作业法"集中讲解。

4. 休息时能让孩子做什么

3~5 分钟的休息时间，短暂而宝贵。

安排的休息活动既要对视力有帮助，还要保证接下来的作业任务不分心。推荐几个符合要求的小活动：

（1）视觉远近交替练习

可以让孩子站在阳台，面前摆放一棵绿色植物。先努力朝最远的一个小的目标物望去（比如远处的一栋楼的一扇窗户，努力看清它），持续 5 秒钟，然后立刻切换到面前的一棵绿色植物，贴近观察它的叶脉 5 秒钟。每组 3 次，做 3 组。每组间隙闭目养神 10 秒。

这个方法可以很好的帮助眼球肌肉伸一下"懒腰"，放松眼球肌肉。

（2）快速运动

在前面的内容有讲过，运动可以提升专注度。当人的心跳达到最大心跳的 90% 时（大概在 160~180 次 / 分钟），专注力和兴奋度最高。

快速高抬腿、楼梯往返跑等运动皆可以快速提高心跳，还可以让人心情愉悦。

测量心跳时无须浪费 1 分钟去测量，只需 20 秒测量心跳达到 50~60 下即可。

在写作业过程中，家长还需要注意：

① 休息≠玩。

② 拼乐高、玩游戏会降低孩子的学习兴趣。

一句"休息一会吧！"很容易被孩子误解为"去玩儿一会"。单纯的玩容易让孩子将学习抛到脑后，好不容易培养起来的学习状态会瞬间被打回原形。

所以，休息的时候更要陪伴孩子，运用上面推荐的几个身体活动为孩子安排休息内容。另外，我们可以在休息前告诉孩子下面这些话：

"下面我们休息 3 分钟。但休息不等于玩，好好休息也是学习的一部分，我们学习完才可以去玩。"

"休息的目的是让身体更放松的同时保护我们的眼睛，帮助我们更快地完成作业然后痛痛快快去玩。

"下面有几个小任务需要你和爸爸 / 妈妈一同完成，愿意跟我尝试一下吗？"

"下面我们定好闹铃 3 分钟，时间到了我们一起再回去，完成接下来的作业目标。"

案例：将作业"长跑"变成"短跑冲刺"

Tony 今天有些疲倦，回到家打开书包写作业的时候慢慢吞吞的，提不起劲。妈妈预测今晚做作业有可能速度会下降。

于是，妈妈主动过来询问 Tony 状况。在确认一切正常之后，妈妈跟 Tony 一起讨论了今晚作业的情况：1 张数学试卷、默写语文 5 个生字词和默写若干英语单词。

妈妈建议将今晚作业分成 3 块，第一块是做好数学试卷。

当做完数学试卷后，妈妈建议 Tony 休息一下，和妈妈一同玩了一次舒尔特方格，两人比赛看谁做得更快。Tony 很开心，精神也振奋了起来。

第二块是默写语文生字词。默写完之后，爸爸跟 Tony 一起比赛高抬腿，看谁一分钟内做得更多，妈妈来做裁判。大家玩得很开心。玩完之后，快速进入到最后的默写英语单词的作业中。

今天作业速度非常快，Tony 的"兴奋点"也异常高涨。Tony 很开心地跟妈妈说："以前作业像是跑长跑，很累，今天每一块作业都像是在冲刺，做起作业来感觉很有力气。"

案例中，Tony 妈妈把"长跑式"的作业方式通过两次科学的休息变成了"短跑冲刺"式的作业方式。孩子不但不觉得累，反倒提升了兴奋点，效率变得更好了。

也许你可能会觉得这样陪孩子写作业特别麻烦，但这只是暂时的。因为陪写作业最重要的目的：

"陪，是为了以后不陪"。

陪孩子写作业是逐渐放手的过程，如果发现你的陪伴让孩子更依赖你了，就要重新审视自己的陪伴哪里需要调整，然后尽快改进。

看到这里，你可能想更深入地了解作业拆分和管理的方法。在下一章节，将给大家讲解作业拆分和整体管理孩子作业时间的方法。

第六章

陪写作业实操方法——
火箭作业法

6.1 "拖延症"的福音——火箭作业法

很多孩子都喜欢拖拉，作业拖到11、12点做完，假期作业拖到开学熬夜写完。孩子不着急，家长心里苦。

案例：爱"拖拉"的鹏鹏

鹏鹏家里几乎每天都在为作业"打仗"。鹏鹏今年二年级，每天做作业都要做到晚上10点以后。不是作业多，而是鹏鹏实在太"拖拉"。每天回到家，鹏鹏都会找各种理由拖着不做作业。一会儿要看书，一会儿要拼乐高。做作业的时候也不"消停"，一会儿要喝水，一会儿出来在客厅晃荡不知道要做什么。家长怎么催都没用。

但当鹏鹏看到快到睡觉时间还没做完作业时又会很着急，写着写着都会急哭。每天几乎都是快到凌晨，着急哭着完成作业的。

如果将孩子作业拖拉的问题放到成人世界，其实也不新鲜。"懒癌""拖延症重度患者"是很多成年人自己给自己贴的标签。

所以，拖拉是世界难题。

这不是智力问题，也不是习惯问题，更不是道德问题。大人小孩其实都一样。

作业拖拉的问题源于"任务管理技能"的缺失。

下面，我来讲一下经过多年咨询实践总结出来的一套快速作业法：火箭作业法。

为什么将这个方法叫做"火箭作业法"呢?

因为这个方法很像火箭，我们会将作业重新拆分并重组，将作业任务分成多级来完成。就像一支火箭需要分好几级燃料仓一样，逐级"燃烧"，以达到最大速度飞升上空。

这个方法只有四大步骤，很好理解。

① P（Plan）：重新拆分和设计作业。

② D（Do）：按计划执行作业。

③ C（Check）：分段检查和评估。

④ A（Act）：继续进行下一步，直至结束。

步骤很简单，但每步的操作环环相扣，甚至需要些精细操作。

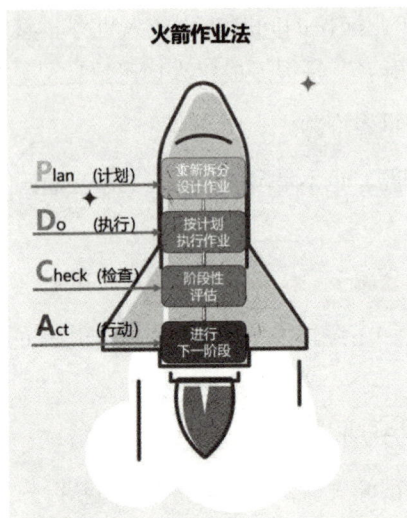

火箭作业法

6.1.1　火箭作业法操作手册

1. 拆分、设计作业（Plan）

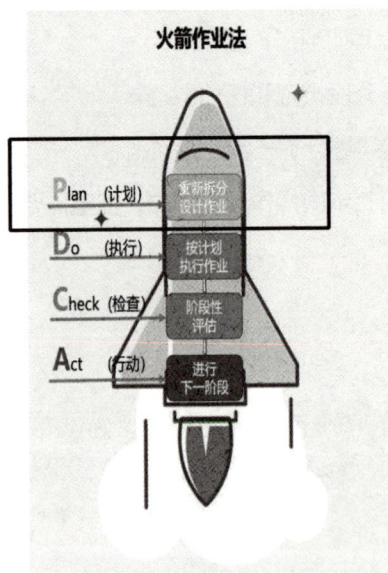

火箭作业法

我们首先要思考一下"作业"的本质，老师布置的作业是各科作业的汇集，最终汇集成一个巨大的作业目标。

目标过大反倒使人懒惰。

很多人有大目标，但都实现不了，比如减肥 20 斤、比如一年看完 50 本书，请问立下这种大目标的人，最后都做到了吗？

如果能做到，是毅力超群；

如果做不到，也是人之常情。

成年人都如此，孩子更是如此。

辛苦一整天的学习之后，回到家打开书包，语数外三科作业堆在一起，还有"软性作业"（如读书、背单词等）和家长布置的"额外加班"，**孩子嘴上不说，但一打开作业本，第一反应其实是想逃避。**

持续几个小时的作业对孩子来说显然是大目标，所以第一步，我们要帮助孩子将作业重新拆解。

案例：忽然爱吃饭的皮皮

侄子皮皮今年 3 岁，不爱吃饭，每次吃饭都要父母连哄带骗的吃完。有一次我去皮皮家做客。我用一个小盘子，将皮皮的饭菜弄成 3 个小饭团。然后跟皮皮说："现在盘子里有 3 个大魔王，我们给他们起个名字吧！"

皮皮很开心，用他喜欢的动画片角色名字给这三个小饭团分别起了名字。

"好，下面我们来消灭第一个大魔王吧！有信心吗？"

"嗯！"皮皮认真地点点头，立刻拿起勺子开始吃掉第一个饭团。

"刚才你做得不错，那么快就把大魔王给消灭掉了，下面我们来消灭第二个大魔王吧！"……

就这样，3个"大魔王"很快就被"消灭"掉了。

皮皮爸妈很惊讶，这可是有生以来皮皮第一次吃饭那么快呀！

上面的案例好像与作业毫不相干，可是细想你会发现，一碗米饭对3岁孩子来说是个"大目标"，但当我把这个大目标拆分成3个"大魔王"时，就相当于拆分成了3个小目标。对目标的恐惧感变成了兴趣，孩子立刻就有动力去做了。

3岁孩子吃饭和6岁孩子写作业是一个道理。

具体怎么做呢？

我们首先要将每天的作业拆分成一个个持续约15~30分钟的小目标（以孩子实际能力和作业内容来定）。大目标使孩子恐惧，小目标给孩子行动力。

每天孩子放学回家，放下书包之后先别急着催促孩子去写作业，而是和孩子坐在一起，讨论如何拆分今天的作业，将一晚上的作业设定为多个小目标。

拆分作业的具体方法如下：

① 所有作业尽量拆分成 15~30 分钟左右的小单元；

② 根据难度或兴趣让孩子将这些单元完成的先后顺序进行排列；

③ 家长计时，并鼓励完成。

每个单元完成或者时间到了之后都要给家长看，并评价为什么可以快速完成或者为什么没有按预定计划完成。

具体怎么拆分作业呢？看下面的一个家长和孩子讨论作业拆分的真实案例：

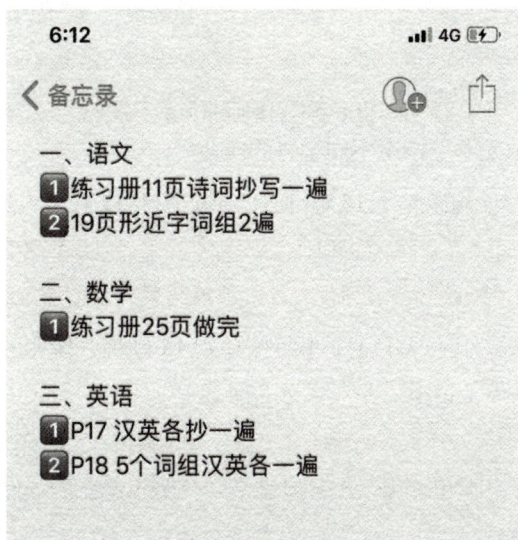

上图是老师发布的作业原版，跟孩子讨论后，这位家长是这样对作业进行拆分和重组的：

重新拆分后的作业（接上图）

单元一：语文诗词一遍（10 分钟）

单元二：语文形近字词 2 遍（15 分钟）

单元三：数学选择填空题（5 分钟）

单元四：数学大题（15 分钟）

单元五：P17 汉英各抄一遍（10 分钟）

单元六：P18 的 5 个词组汉英各抄一遍（8 分钟）

将五大项作业拆分成了 6 个小单元，每个小单元就是一个小目标。每一个小目标都依照孩子的能力估算出大概需要多长时间，且每个目标不超过 15 分钟。

拆分作业的原则：

① 每个单元不要掺杂不同学科的作业。

② 每个单元可以少于 15 分钟，但不能多于 15 分钟（时间太长孩子注意力就集中不了、容易走神），如果一开始觉得 15 分钟太长，也可以将每单元的作业量降低到 5~10 分钟，具体根据孩子的实际能力调整。

这样，每次作业从 1~3 个小时缩短到 15 分钟，作业的难度瞬间就降低了，而且孩子也不会那么容易走神了。

要将选择和拆分作业的想法跟孩子一起探讨，一开始这样做可能需要和孩子做好说明和解释工作，但这是"一劳永逸"的操作。

等孩子明白了缘由，能熟练配合家长使用这个方法之后，自己也会逐渐学会举一反三，将这个方法运用到以后的学习和工作中去。

还是那句话："陪，是为了以后不陪"。

作业重新设计好了，就开始"火箭作业法"的第二步，按照新的作业计划开始执行。

2．按计划执行作业 (Do)

（1）计时很重要

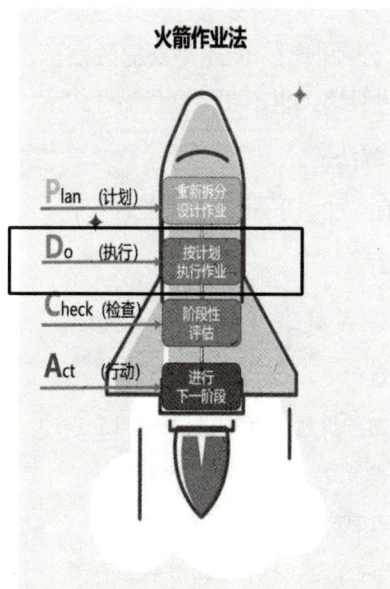

对于小一点的孩子，家长经常遇到一个状况：说好的 15 分钟做完作业，但是孩子一点时间概念都没有，总是拖拉，没有一个单元能按计划做完，也不知道 15 分钟是个什么概念。

遇到这样的问题，就算把火车站的大钟表搬到孩子书桌上都没用。孩子缺的不是时间观念，缺的是对时间的直观认知。

如何应对这个问题呢？前面的内容我们有仔细讲过，为了方便阅读，我在这里再讲解一遍：

首先，需要一个大概 15 分钟的沙漏（或者 5~10 分钟的沙漏）。告诉孩子："等沙子漏完了，时间就到了"。把这个沙漏放在孩子书桌上，孩子随时能看到。

但除此之外，还要同时准备一个闹钟，要硬性的规定：规定的时间到了之后就不能做作业了，我们一起对作业完成程度进行评价。

记住，这不是生气的惩罚，而是大家一起"复盘"，一起回顾这一单元我们都做了什么，怎么能在下一单元做得更好。

另外，虽然 15 分钟很短，但还是要提醒孩子，让孩子在过程中时刻警醒。提醒不要太频繁，也不要等到最后才提醒。

（2）"三点"提醒法

提醒时间也要有方法。下面给大家介绍一个 3 点提醒法则：

① 开始后 5 分钟。

② 时间的中点。

③ 结束前 2 分钟。

举个例子：比如预计任务完成时间是 15 分钟。那么我们可以在第 5 分钟、第 7、8 分钟和第 13 分钟时进行提醒。

这个时间点不用很死板的参照上面的标准，只要家长在预定时间过了三分之一、一半和最后几分钟时做好提醒即可。

除非你要提醒孩子时间，否则尽量不要打扰孩子写作业。孩子开始做作业之后你只需要坐在客厅或孩子旁边，安静地做自己的事情就好。如果控制不住想催孩子或者说孩子，那就走开，让孩子自己在书房开着门，你们之间互不打扰但也能相互看到。

当约定时间结束（具体要看这个单元预计的时间是多久），让孩子停止做作业，进行第三步。

3. 阶段性评估（Check）

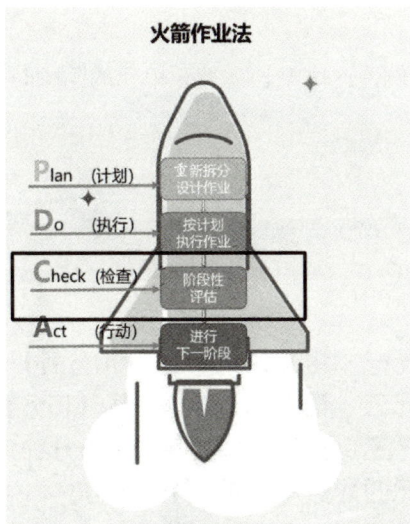

上面讲过了，每个单元的预估时间结束时要停下来，大家要坐在一起回顾这一单元在执行过程中的经验教训，别急着做下一单元。

评价什么？只需要问孩子下面几个问题：

① 你觉得做的速度怎么样？（让孩子自己给自己评价，家长自己别动气）。

② 是否达到作业要求？（不好就不好，好就好。记下来，但别急着返工，也别急着骂孩子）。

③ 下一单元可以做得更好吗？（让孩子做好准备完成下一单元）

无论这个单元的作业是否完成、是否有错别字、是否写的足够工整，只要做好记录就好，别着急立刻返工，所有的返工内容要在所有单元进行完之后统一返工。

如何记录每一个单元的完成状况呢？可以记录孩子每个阶段（单

元）的完成情况。

做个列表，每个单元完成了打"√"，完成不好的打"△"（**不要打"×"，你不是为了否定孩子，而是为了激励孩子，记住这一点很重要**）。接之前的案例，这位家长在每一单元的回顾时做了相应的记录，看下图：

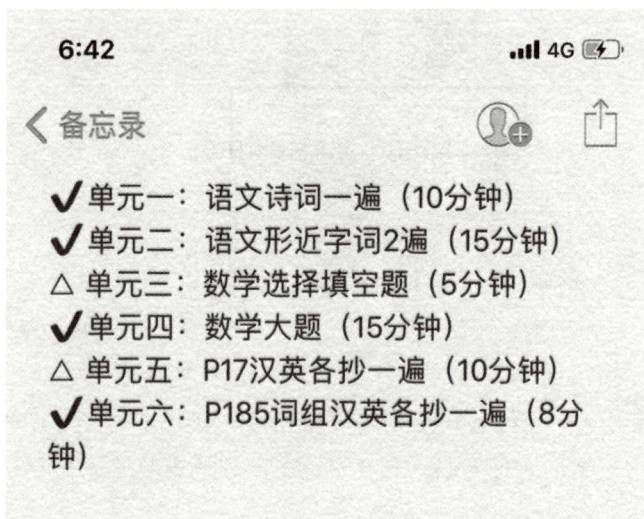

比如，单元三有错题订正，单元五抄写不工整，而且没有做完等都打"△"。

记录"△"的单元是未完成的单元，要在作业做完后再集中将这些单元补齐。

因为学习强调完整性。**如果作业做到一半被要求返工或者被批评，那么孩子将很难以较好的状态完成之后的单元学习。**

孩子的"心理节奏"被打乱了，时间概念也会被我们打乱。我们的方法就前功尽弃了。

4. 进行下一阶段（Action）

火箭作业法

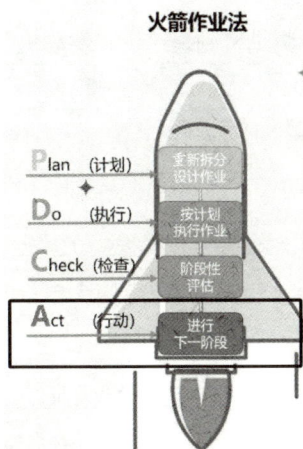

评估结束，带着总结和教训，继续执行下一单元的作业。

完成下一单元后，自动回复到步骤三，循环往复。做完下一单元，和之前一样，评价、总结，带着更多的经验进行下一单元。

第 3 和第 4 步循环的次数取决于作业单元的数量，这能让家长和孩子在每一个小单元中很好地把握作业的状态，找到作业质量低和速度慢的原因。

理想状态下，在第一次操作本方法时就可以很快找到作业速度慢的根源，并将问题快速解决。

"火箭作业法"是一个"螺旋上升"的过程。每一个目标的第三步都是在回顾和思考改进的过程，在执行下一个目标时，大概率会做得越来越好。

这个方法就像是一台发动机，让孩子逐渐学会鼓励自己，分配好自己的时间和任务。

发动机需要动力，这个方法动力在哪里呢？孩子为什么愿意按照这个方法操作呢？

作业结束后的一个简单奖励机制是这台"发动机"的直接动力。

6.1.2　作业结束如何奖励孩子？

奖励方法很简单。

让孩子预先说出如果今天能快速做完作业，之后的时间自己最想做什么（只要不是影响身体或其他被禁止的活动，都可接受）。以此作为高效完成作业的奖励。

不过睡觉的时间要固定，那么在完成作业和睡觉之间的时间都是孩子自己的，这就意味着，越快完成作业，自己争取的自由支配时间就越多。

如果今天快速完成了作业，可以表扬孩子，并告诉孩子接下来的幸福时光是自己努力挣得的。

如果没有适应这个方法，没有很快完成，不要批评，要告诉孩子，下一次一定可以更快，这样自己休息的时间就可以更多。

自由时间少，不算惩罚，自由时间多，也不算奖励。一切都是自己努力的结果。

要让孩子意识到，自己的努力可以为自己挣得自由安排的时间，只要是健康有益或无伤大雅的活动，家长都应该支持。不能轻易无理干涉。

比如看孩子玩乐高觉得"浪费时间"，就想让孩子去弹琴，这是很不好的。

既然给了"自由安排"的时间，就是要让孩子自主安排，说话算话，树立好家长的威信。

如果家长觉得老师布置的作业不多，孩子还需要练习，可以将其计入今日的作业总额当中，整体估算时间、划分单元。这也是一项作业，全部完成才算数。

但不建议额外增加太多，变相挤占孩子的自由安排时间。

如果孩子每次都无法挣得更多的时间自己安排，也就没有了动力，执行火箭作业法一定不会有效果。

千万不要在学习上急于求成，虽然我知道这很难，家长的压力也不比孩子的小。

如果大家有耐心已经看到这里，那么我相信你对我的方法应该有一定理解了，快去试试吧！

不过还有件事情不要忘记，没有什么方法可以让孩子一夜间变成"别人家的孩子"。

在执行这个方法的初期，家长也可以给自己先定一个小目标——今天孩子只按时完成一个单元，以后慢慢变好。

不要给自己过高的期望，不然你的失望很可能会转变成深深的无助感和对孩子的训斥。这时，孩子多半不会再愿意配合你完成"火箭作业法"了。

6.2 要想火箭作业法进展顺利，这些细节你必须注意

细节决定成败，管理孩子作业也是一样。

就在几年前，我曾集中辅导了数百名一线城市的小学生家长使用这个方法。一个月内，85%的家庭认为此方法非常有效。我和这些家长们共同总结了教育笔记60多万字，记录了每一天、每一个孩子在使用这一方法的具体操作和表现。

下面我就从这些资料中筛选出常见且至关重要的操作细节，详细讲解这一方法的注意事项。

1.多让孩子做决定

一方面，在作业选择和作业拆分设计上，要多让孩子做决定。这是个非常微妙且难掌握的界限。

如果你平时对孩子是较为权威和严厉的风格，孩子可能会在一开始与家长商量作业设计时直接放弃表达自己的想法，对家长"言听计从"。

也许一开始，孩子的作业效率可能会提升，但到后期，因为没有锻炼到孩子自我解决问题和设计作业的自信心，作业的设计和每天的作业

监督仍然离不开家长，必须由家长帮忙设计才能较好地将作业拆分并完成任务。

一旦离开家长，孩子仍然会不知所措，并按照之前自己的作业习惯来完成作业。

遇到这种情况，我们要耐心引导孩子说出自己的想法，提升自主意识。确保孩子能清晰表达每一个作业设计的想法，而不是为了单纯迎合父母的喜好，囫囵吞枣地完成任务。

一开始会很难，也会在作业讨论时耗费很长的时间。但不要着急，这是不能绕过去的一道坎。陪孩子写作业的目的我们要牢记："现在陪，是为了以后不陪"。

孩子自己终将有一天要自己面对学习上的困难。锻炼能力要比完成一天的作业更重要。

另一方面，在与孩子沟通作业规划时，也需要把控孩子的"天马行空"。

孩子的想法往往是跳跃式、没有严密逻辑的。家长对孩子的想法要有一定引导，多用启发式问题和建议提问可以解决这个问题。

启发式问题——不给正确答案的启发

- "你觉得是先做英语作业好呢，还是先做语文作业好呢？"
- "为什么你想先做英语作业而不是语文作业呢？妈妈想听听你的想法。"
- "然后呢？你想做什么作业？"
- "做完第二项作业之后你想怎么休息呢？"

启发式问题不是为了给命令和提建议，而是为了激发孩子自己主动思考，想出解决方案。

启发式问题的关键在于不给孩子正确答案，孩子无法通过你的询问轻易猜到你的个人想法和喜好。

这种提问方式适用于有自己想法但不敢表达，或者长期处于畏惧家长权威，喜欢猜测家长想法和喜好的孩子。

建议提问——引导式启发

● "你觉得先做数学试卷会不会好些呢？"

● "这项作业你要求自己用3分钟？会不会时间短了点？"

● "你想先做数学还是先做语文呢？"

● "你认为阅读理解简单一点还是听写单词简单一点呢？"

备注：

建议当孩子思维过于跳跃时将思维引导回讨论主题，或当孩子明显没有做到良好判断时注意引导。

同时，可以在初期注意引导不太有独立自主想法的孩子思考并说出自己的想法。

民主型家庭也可用启发式问题，但当我们想将孩子的想法引导到一个特定的范围和方向以防思维过于跳跃时，可使用"建议提问"的方法。

2. 孩子没有在犯错

······· 案例：方法被迫中断的一天 ·······

左老师很抱歉，今天的火箭作业法被迫中断没法执行下去了。

今天我把孩子接回家后，跟七宝很顺利地商量好了作业的设计，然后七宝也很开心地进屋开始主动写作业了。可是到了第二项作业时，我悄悄进屋观察，发现七宝又在玩铅笔和转笔刀。我顿时火冒三丈将他拉出来痛骂了一顿。

过后我很后悔，因为七宝很伤心，情绪有些崩溃，我也没有心情继续管理他的后续作业的执行了。后来是他爸过来陪孩子写完了作业，我自己没有继续管他。

我的总结是，今天失误的地方是我没有正视孩子走神的问题。其实孩子走神、没有快速完成作业，完全可以靠自然缩短后面玩乐高的时间让他意识到问题。同时我也可以在作业回顾的时候告诉他，如果不玩铅笔和转笔刀就能更快完成作业，也可以玩乐高的时间更久了。但是当时没控制住。

我想明天，一定能做得更好。

无论是某一项作业没有按时完成，还是在学习中仍然有走神和愣神的现象出现，我们都要记住：孩子不是在犯错，只是自我管理的技能不熟练。

上面的案例是一个妈妈发给我的育儿笔记中真实的一段记录。

当我们看到孩子"开小差"或作业速度慢时，往往因为"爱子心切"或"恨铁不成钢"的心态而失去耐心。

但你要时刻意识到，"火箭作业法"里已经配套了"自然后果法"。可以让孩子体会写作业慢的自然后果。这本身就一种强化和约束，不需要你额外生气或惩罚。

没人想把事情搞砸。

孩子自然也想有更多玩耍的时间。所以在执行这个方法时，当孩子没有做好的时候，会有自然的后果让孩子意识到自己哪里做的不好。

我们要在每一次作业回顾中提醒孩子"你这一次又为自己争取了 XX 分钟的自由支配的时间。"或者"你在几点几分的时候好像开了小差，这样可能会让你减少之后自由支配的时间哦。"

孩子的提升是需要时间的，一时不熟练和没管住自己是正常的。我们要给孩子更多的机会去完善。

每次的忍不住批评，带给孩子的是一次次自我否定。

我相信，在使用这个方法前你一定批评过孩子，而且如果批评有用的话，你也不会想到买这本书或者尝试使用这套火箭作业法。

重复同样的方法只会导致同样的结果，无效的方法就不要再去使用了。

3. 每天结束时记得总结

明天能否改进，取决于今天是否有总结。

当孩子开心地完成了作业，看到离睡觉还有一些时间可以自己支配时，别忘了提醒孩子哪里可以做得更好，明天就可以有更多的自由支配时间。启发式问题在这里也同样适用。

一定要让孩子有做完作业后保持回顾和总结的习惯，这对孩子明天的进步大有帮助，也对孩子的将来大有裨益。

4. 注意提醒昨天的成果和教训

事实上，孩子总是健忘的。第二天开始做作业时已经过了 24 小时，所以我们需要在第二天设计完作业，开始任务之前再做一个提醒：

"还记得昨天的总结么？"

"还记得昨天哪里做得很好么？"

"还记得昨天你说哪里可以改进吗？"

确保孩子记住了昨天的经验和教训，孩子会有更大的动力在今天改进，也会让你减少一些遇到孩子"说话不算数"的概率。

但这时，孩子常常想"急于求成"，快点完成任务。他们还没到能深刻体会"磨刀不误砍柴工"的年龄。

作为家长，不能妥协，孩子越着急，就越要沉住气，拉住孩子，看着孩子的眼睛，认真把昨天的回顾再提醒一遍，确保你们的意识在同一步调上。

5. 没有完整的作业时间怎么办？

现实生活与理想总是有差距的。

也许你和孩子都很有动力执行火箭作业法，但是周二的作文班和周四的舞蹈班打乱了你们的计划。

没关系，火箭作业法虽然要求学习时间的完整性。但只有最低的要求，就是每一项作业有一个完整的时间即可（每一个15分钟之内的单元）。

如果孩子每天都有辅导班或兴趣班，再或者作业时间很碎片化。

家长首先需要考虑的是给孩子的学业"减负"，可否调整一下时间安排，让孩子拥有更完整的作业学习时间或更多的自主支配时间。

教育家卢梭曾提出过一个重要的儿童教育原则："教育就是教会孩子浪费时间。"

如果孩子自己都没有学习过支配自己的时间，那么日后主动学习的习惯就无从谈起。

到这里，火箭学习法的方法就讲完了。

不过孩子在家的学习管理是一整套系统，火箭作业法需要其他配套的激励措施，这样才能让孩子每周都能持续亢奋，保持对改进自己作业的动力。

第七章

好方法需要长效激励

7.1 陪孩子做作业时能不能打骂？

陪写作业时，有时候情绪很难控制。但当家长打算"要给他／她点颜色瞧瞧"时，孩子很容易建立"不写作业就挨打"的简单逻辑关系。

从此写作业成了为父母做的事情，双方成了"对立面"。慢慢形成了恶性循环，无法自拔。*作业成了噩梦，家长成了"魔鬼"*。

"妈妈，你看着我做作业时候会变丑。" 有个家长这样向我复述孩子对她的看法。

"怎么忽然发觉写作业变成我的任务了？" 你会否也有这样的感悟？

7.2 让孩子"为自己努力"的方法

奖是为了引导，罚是为了约束。

归根到底，我们是想让孩子"自己越来越好"。不是吗?

很多家长不是不会奖罚，而是不知如何掌握奖罚的尺度。

奖励过分了，孩子"得寸进尺"；惩罚过度了，孩子"灰心丧气"。

下面我来推荐一个模板，配合"火箭作业法"，操作简便、有章可循——"自我激励表格"。

7.2.1　自我激励表格长啥样？

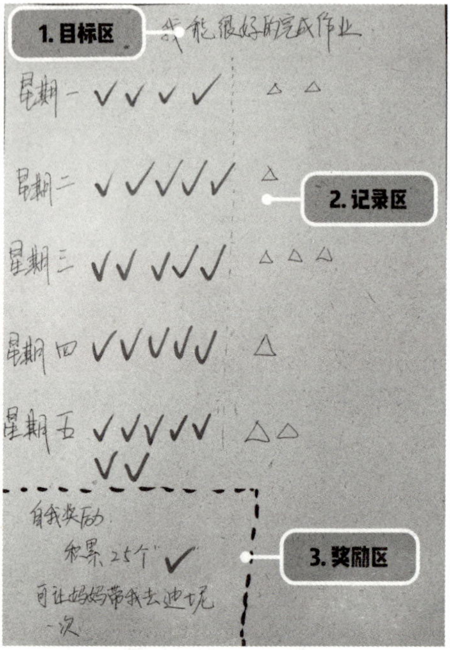

这个表格只有 3 个部分（见上图）：目标区、记录区和奖励区。

目标区的目标很好设定，就是要写好作业。这个目标不需要很细致，只是一个方向性的引导。

记录区也很好理解，是记录孩子每天作业完成的情况。做好的地方打"√"或者"☆"都可以，只要是正能量的符号即可。

但是这个打"√"的依据是什么呢？这就要结合"火箭作业法"了。

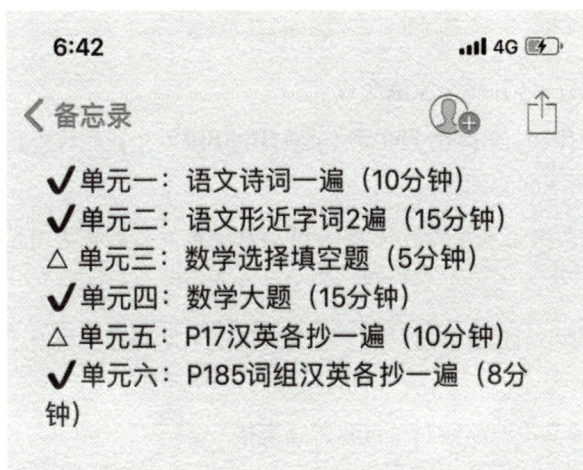

还记得上一章里的这张图吗？在火箭作业法中，我们在每一单元结束时，要有个回顾。如果这一项作业按时、高质量地完成了，就打"√"；如果有错漏、难题或者有不符合要求需要"返工"的地方，就打"△"，到最后阶段再统一补齐。这就给我们的"自我激励表格"一个匹配的依据了。

大家可以将自我激励表格看做是火箭作业法执行情况的每周汇总。

这里要强调一个小细节：如果是因为有题目不会做而没有完成，需要打"√"而不是"△"，因为这不是孩子的主观问题，而是客观的困难。

奖励区包含奖励标准和奖励内容。

奖励标准的设定需要合理评估孩子的目前水平，要做到"孩子无法轻易做到，但努力跳一下就可以够到。"

奖励是以一周为周期的。如果孩子每天的作业量很少，或者能按时、保质完成的项目数每天都不超过 3 个，未来预计一周五天根本达不到积累 25 个"√"，那么设定的标准就要适当降低一点，等下一周视情况再进行调整。

7.2.2　简单 4 步用好"自我激励表格"

1. 步骤一：开一个家庭会议

父母可以把孩子叫过来，一起坐在客厅沙发上讨论作业的问题。比如，可以用下面的话：

"宝贝，最近爸爸 / 妈妈知道你在写作业方面遇到了困难，现在爸爸妈妈有个方法可以帮助你，我们一起讨论一下可以吗？"

这一步的家庭会议可以和"火箭作业法"的步骤一合并。话语要精简，切记啰唆，不然，孩子抓不住重点，也听不进去。

2. 步骤二：一起绘制"自我激励表格"

当你第一次跟孩子介绍自我激励表格时，可能孩子无法通过父母的描述完全明白。没关系，只要孩子知道现在有一个好的方法让自己写作业更轻松、速度更快就可以了。

接下来，就是跟孩子一起说明和讨论"自我激励表格"的具体使用方法和目标设定。

还是拿这幅图为例。

首先，我们可以和孩子一起先确定一个"小目标"——"我能很好地完成作业"，并一起在一张大纸（纸张越大越好，A3 纸最好）的最上端写上这个目标。

然后，要告诉孩子："当设定好作业之后，爸爸妈妈会帮你计时，我们一起来完成每一项作业，爸爸妈妈帮你检查并一起讨论下一单元的作业如何能写得更快。"

接下来是最重要的部分——商讨奖励办法。同样，我们可以让孩子提出自己的想法，家长在一旁做引导。

我们要尽量引导孩子认识到这个奖励不是父母给孩子的，而是孩子自己争取到的。

比如，我们可以这样跟孩子说："一个人的进步是值得自己奖励自己的，那么如果这一周你达到了目标，或者有了进步，你希望用什么方式奖励自己呢？"

需要注意的是，奖励的设定虽然可以由孩子来主导，但我不鼓励设定物质性（买礼物）或货币性奖励（奖励金钱）。

原因很简单，如果这周奖励了 50 片乐高，下周再奖励 50 片乐高可能就失去到了激励效果；如果这周奖励了 50 元，下周可能孩子会要求奖励 100 元，不然就不写作业。

物质和金钱奖励无法长期激励孩子，还有可能让孩子认为"写作业可以领工资""写作业就是打工"。

如果孩子一直喜欢一个玩具但一直没有得到，家里条件也允许的情况下，可以适当放宽要求，同意给孩子一定的物质奖励。

但是，最好的奖励是争取与父母在一起的专属时光，即与父母周末一起完成一件事情。比如一起做陶艺、唱歌、看电影、去动物园等是我认为最好的奖励。

这种奖励无法量化，所以无法"讨价还价"。

和父母共处的时间往往被孩子珍视，美好的回忆往往可以给孩子带来最长效的动力。

3. 步骤三：将表格挂在最显眼的地方吧

可以用你能找到的最大的纸将表格做出来，并贴在家里最显眼的地方。

比如餐厅的墙上；

比如客厅的沙发上头；

比如孩子作业书桌的上方。

这样可以每天提醒孩子：这是对全家来说非常重要的一件事。

4. 步骤四：每天作业结束后开总结会议

每天做完作业，我们可以全家开一个总结会议。这个总结可以和"火箭作业法"中最后的总结合并成一个步骤。

将今天一天的作业情况做一个总结，然后让孩子用喜欢的颜色给自己今天的成就打"√"或"△"。

这一步看似简单，却是整个方法的点睛之笔。

而且这一步操作容易进入几个误区：

（1）误区一：总结会不是"批斗大会"

在刚开始执行火箭作业法时，很可能我们会经常看到孩子有粗心、发呆、走神等情况，可能会控制不住生气或伤心的情绪，打算在总结会时靠给孩子打"△"来威胁和惩罚孩子。

案例：不愿意给自己打分的米宝

第一次使用这个方法孩子很配合，但是在最后的总结会上出了问题。

今天米宝作业状态不好，5项作业只有1项按时完成了。我在中间看到孩子走神，没控制住，吼了孩子。在最后的总结会上，我很生气地告诉米宝今天要得4个"△"！让米宝自己画上去，可是米宝哭着不愿意去画。

我抓起笔自己走过去画，米宝哭着抱着我不让我画，还哭着喊："我以后再也不用这个表格了！"

我觉得自己今天做得很不好。没控制好自己的情绪，也没有安抚好孩子的情绪。

从上面的案例我们可以看到，孩子一开始其实是配合的。但习惯不是一天养成的，要给孩子更多的时间和试错机会。

总结会不是批斗大会，画"△"不是惩罚，自我激励表格更不是

"耻辱墙"。

家长和孩子都要意识到：

①打"△"不会受到任何惩罚；

②每天的"△"就是我们进步的空间，爸爸妈妈会好好帮你一起分析如何在明天将"△"转化成更多的"√"。

③无论孩子得了多少"△"，只要愿意尝试，之后一定会越来越棒。

上面的话多对自己说，也多对孩子说，你的情绪就可以逐渐平复下来。

（2）误区二：表格一旦确定好就不能更改？

案例：第一周没达到奖励要求

今天周五，晚上米勒完成作业后我们一起开了总结会。

之前我们定好的达到 15 个"√"，周末就可以跟好朋友一起去骑马。可是周五结束时米勒只得到了 13 个"√"。米勒哭得很伤心，我没有动摇，仍然很冷静，但是坚定地告诉米勒这周末可能不能去骑马了。

话音刚落，米勒哭得更伤心了，甚至有些崩溃，他哭着跟我说："妈妈我已经尽力了，真的。"

看到米勒的样子我确实有些不忍心，爸爸在旁边也在求情。于是经过大家一致协商，如果周六米勒能额外把一套数学巩固练习做完，我们可以一起去宜家逛街（米勒很喜欢去宜家玩）。米勒这才擦擦眼泪破涕为笑。

虽然危机解决了，但是我有点不确定，这是否违背了左老师的要求，是否是一种不好的妥协呢？

先说说上面案例中这位妈妈做得非常好的几点：

① 坚定执行了"没达到标准不执行奖励"的设定。

② 照顾到了米勒的情绪。

③ 全家民主的会议讨论，思考了折中的方法。

在执行这个方法时，我们完全可以避免这种情况的发生。

"自我激励表格"并不是一周内固定不变的。

没人能保证孩子一周内的进步情况和老师实际布置的作业量。

比如，可能周三老师布置的作业稍难了一点，而孩子和你预估的时间确实少了一点，导致没有按时完成作业，减少了"√"的数量以至于可能会影响这周得到"√"的总成绩。

我们可以在发现问题后共同协商，一起调整奖励标准。可以适当降低一些，以达到*"伸手够不到，努力跳起来才能够到"*的高度。

但另一方面，已经定好的奖励标准中途可以酌情降低，但不能轻易提高。要想提高，下周重新制定计划时再与孩子讨论决定。

比如你和孩子周一已经定好得到 15 个"√"就可以得到奖励。但是到周三的时候你发现孩子已经得到 13 个"√"了，就想私自提高标准，改成得到 20 个"√"才能得到奖励。

不用我说，这一定会遭到孩子的激烈反对，你和孩子之间的"合作信任"也将荡然无存。

可是确实是标准之前定的有点低怎么办？不好意思，下周再调整，这周就这样了，当送给孩子的福利了吧！

所以，在一周内，奖励标准可以酌情降低，提高标准会遭到孩子对整个计划甚至对父母本人的抵触。"

具体操作应该是怎样的呢？举个例子：孩子进步很快，经过一两天的练习可以比之前速度快很多地完成作业，每天得到的"√"数量已经远远超过预定的奖励标准。

这时候，如果你中途提高奖励标准（比如将25个"√"的标准提升到30个才能给奖励），将大概率遭到孩子权力的反对。

遇到这种情况，我们只能在下一周重新评估设定更合理的目标，这一周暂且不提升标准。家长可以提醒孩子："你已经进步很大了，这个奖励标准已经不适合我们了，你觉得应该怎样给自己设定更合理的奖励标准呢？"

如果孩子定的标准过低，家长可以提出拒绝，并继续商讨，直至双方都满意。

（3）误区三：一次想达到多个目标

曾经有家长问我，能否用这个表格一次实现3个目标。比如按时吃饭、按时完成作业和按时上床睡觉。

心急吃不了热豆腐。

一次性解决多个问题反倒会分散精力，"战线"拉得太长，反倒容易造成没有重点，导致一个目标都没完成。

根据实际操作经验，一般使用"自我激励表格"，可以在3～4周或21～28天内（一个月左右）明显改变孩子的作业习惯。

我们可以在一个月内集中精力改善孩子的一个问题，等到下一个月可以将表格换成其他的目标继续使用这个方法。

那么问题来了，除了按时完成作业的问题，这个表格还可以解决孩子的哪些行为习惯问题呢？

其实，这个方法是心理咨询和行为管理中常用的经典方法，只要与行为改善有关的问题，这个方法几乎都是有效的。

比如，孩子经常走神玩铅笔、吃饭速度慢、不按时上床睡觉甚至上课不注意听讲的问题我们都可以用这个方法来解决。

当然，在操作上不能完全复制这一章节讲的步骤和操作方法。具体如何运用，我会在下面继续与大家讨论。

7.3　21天帮孩子养成好习惯

　　为了让大家更全面地理解这个方法，也能更灵活地运用它，下面，我拿最常见的孩子情绪管理问题来展开解释一下，这个方法是如何高效改善孩子日常行为的。

　　在我们的常识中，情绪和行为有本质区别。一个是内心，一个是外在，但情绪是依靠行为表达出来的。

　　往往孩子出现情绪问题时，情绪可以理解，但行为不能接受。大部分情况下，我们要改善的是孩子在发生情绪后的不恰当行为，而不是情绪本身。

　　抓住了这一点，孩子情绪问题的解决便有了突破口。

　　那么，既然情绪问题可理解为行为问题，"自我激励表格"自然就可以派上用场。

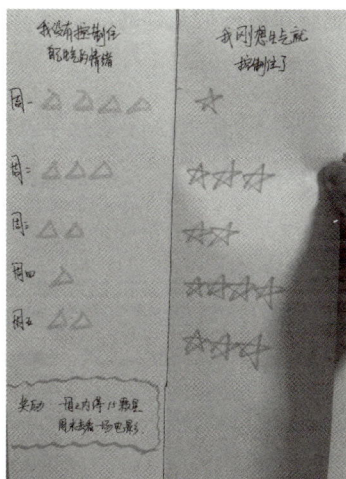

上图是一位家长跟自己 7 岁的儿子制定的 21 天"自我激励表格"中的第一周的情况。

使用这个表格之后，孩子在第一天还是很容易暴躁，可是到了周四和周五，基本上都可以很好地控制住自己生气的情绪了。

当然，自我激励表格不是"万金油"。它只是辅助家长教育孩子更好控制情绪的工具。在利用表格改善孩子情绪管理的时候，其他方面的引导也是非常必要的。

7.3.1 情绪宣泄引导是必要的

生气似洪水，宜疏不宜堵。我们没有必要让孩子压抑自己的任何情绪，只需要引导他/她用恰当的方式去宣泄。

例如，在引导孩子宣泄情绪时，我们可以给孩子一个"解气娃娃"或者"发泄枕头"，告诉孩子当自己生气的时候，可以进到自己房间冲着"解气娃娃"或"发泄枕头"来发泄。

这样不但可以"泄洪"，也不会伤害他人，给别人造成困扰。

1. 一时控制不住情绪是应该被允许的

这是上图表格中"△"的意义所在。

它不是惩罚，而是对孩子的接纳；是对孩子的自我提醒。

我们可以这样告诉孩子："没有人可以完美控制自己的情绪，如果真没有控制住，爸爸妈妈是可以理解的，我们可以在表格上给自己打一个'△'，不断提醒自己如何在下一次将这个'△'转变成'☆'。我相信你一定可以越做越好的。"

2. 父母不应做孩子的榜样

父母是家庭的"领袖"而非"榜样"。

榜样是高不可攀的虚假完美，领袖可以和孩子共进退。你在家没必要在孩子面前压抑自己。

在实际咨询中，很多家长在辅导孩子作业时也会有情绪失控的时候。他们也给自己用了自我激励表格，和孩子一起相互帮助，共同改善自己的情绪问题。不但改善了自己的情绪管理，还增进了亲子间的互信。

每周家庭会议中，妈妈监督孩子，孩子监督妈妈，两人相互打分、总结。

我认为这是非常好的操作。

3. 孩子在学校的行为如何改善？

有时候，孩子作业写不好的原因可能是因为上课不注意听讲。这让家长异常头疼。

一方面担心孩子总是这样，长此以往会跟不上学习进度；另一方面，在学校的表现家长"鞭长莫及"，无法手把手改善。

方法总比困难多，自我激励表格可以帮助我们解决这个问题。

让孩子上课注意听讲是很难的，老师不可能1对1长时间看着自家孩子，家长也不能随意进出教室看着孩子陪读。

别着急，我们可以来个"曲线救国"——如果孩子课上能积极回答问题，不就侧面促进了孩子上课注意听讲了吗？

孩子要想有底气举手回答问题，必然要认真听讲搞懂答案。而"每天举手回答问题的次数"要比"上课走神次数"方便记录多了。

我曾经多次用这个方法引导家长去改善孩子上课注意听讲的问题，功效显著。

上图就是一位爸爸发给我的他与孩子第一周的自我激励表格，效果几乎可以说是"立竿见影"。

你可能会发现，上图的表格中并没有记录"没有回答问题"或者"上课走神"等负面行为。在我看来是没问题的，因为这个方法的本意便是不看重失败、看重进步。

不过，家长如何确定每天回答问题的次数呢？这是跟老师沟通的绝好的理由和机会。

这也是我认为使用这个方法最妙的地方。

一般情况下，获取孩子上课状态的方法只有2个：问孩子和问老师。

问孩子是必要的，但我们有时候需要向老师核实，以免孩子忘记了某节课回答了问题，漏记了自己的一份成就。

在平时，你可能很想与老师沟通，但苦于找不到理由和适当的时机。*而这个方法给我们提供了完美的理由。*

我们可以与班主任和任课老师预约面谈一次，将这个方法和你们想解决孩子上课走神的决心告知老师。同时礼貌表达，希望老师帮助你记录一下孩子一天在学校举手回答问题的次数，每天可以通过微信沟通。

这样的沟通往往会让老师很高兴，*谁不喜欢这样积极主动又有方法的家长呢？*

不要忘了，老师也想与家长充分沟通，但苦于没有多余的精力和时间去顾及每一个孩子每时每刻的状况。

所以，一旦家长能给出如此方便又能提升孩子的方法，相信绝大部分老师都是很乐意与家长一起执行的。至少在我的实际咨询工作当中，没有见过哪位老师拒绝家长的这份提议。

甚至，有的班主任会乐此不疲地每天提醒家长帮孩子记录今天的举手回答情况，还会很兴奋地跟家长反映孩子的进步。

当然，确实存在教师队伍里有"不作为"的现象。家长和教师都是人，沟通中自然也存在"聊得来"和"聊不来"。

不过，这是个别现象，不可能孩子的所有任课老师都"聊不来"，而且"聊不来"也不代表"不能聊"。

积极正面地与老师沟通，并充分理解老师的工作难处，必能达成一定程度的共识。

毕竟，多和任课老师沟通只会让孩子的在校情况变得更好，不会更糟。这种良性的沟通可以让家长和学校配合更好，直接获益的总是孩子。

美国教育部门的多项调查研究表明：*家长与老师的沟通频率和孩子的成绩高低有着紧密的关系。*

7.3.2　自我激励表格可以简化吗？

中国有句古话："授人以鱼不如授人以渔"。

其实，这个方法只是给孩子一个示范，我们可以引导孩子，在不久的将来自己学会使用这个方法，有能力改善自己未来的各种困境。

兴趣是最好的老师。

为了能让孩子从内心深处接纳这个方法，我们可以将"自我激励表格"简化和"变形"，让它变得更简便、有趣一些。

当你和孩子对这个方法都很熟悉了之后，我们可以尝试让这个方法变得更加好玩一些。

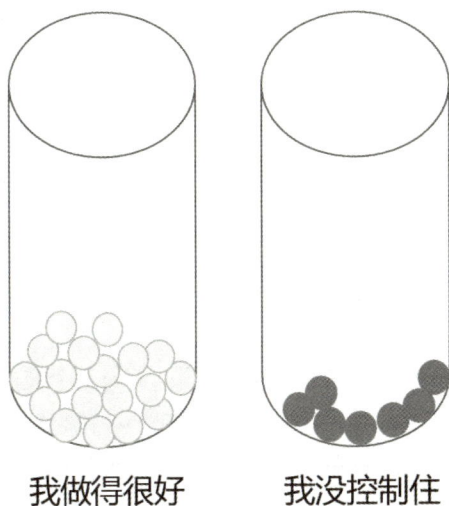

我做得很好　　　我没控制住

上图是一位家长的经验，她把行为管理表格变得更加具体化。

她准备了两个玻璃罐和两种颜色的彩球，放在家里显眼的桌子上，并用纸条在两个玻璃罐上贴标签，让孩子决定不同颜色代表什么意义。

当孩子做好或者没做好的时候，分别将对应颜色的彩球放在玻璃罐里。

孩子可以口头跟家长商定这周想奖励自己的事物，征得父母同意之后，孩子每天就自觉地将不同的彩球放在对应的罐子里来鼓励和提醒自己了。

父母只需要每天不定时地提醒一下孩子即可。

自我激励表格的本质是将每一次成就具体化呈现，更好地激励自己。

所以，在这个前提下将这个方法怎么变形都是可以的。孩子喜欢，愿意配合，甚至愿意自己主动使用这个方法帮助自己解决困难，是我们使用这个方法的最终目标。

7.3.3 当心孩子的"行为反弹期"

经常会有家长跟我反馈，一个月后孩子作业行为改善了，可以停止"自我激励表格"的时候，有可能发生忽然有几天孩子表现反常、状态不佳，大有"一夜回到解放前"的趋势。

别担心，这种反弹是常见的。

减肥过程中，体重容易有"反弹期"；学习某个技能时，常会有一段时间的"退步期"或"高原期"无法突破……都是同一个道理。

因此，虽然一般情况下，21天或28天内利用自我激励表格可以明显改善孩子的行为问题，但这并不代表可以高枕无忧。一般反弹期发生在行为改善后的1周以后。

7.3.4 不断巩固是预防和减少行为反弹的有效方式

1. 应对行为反弹的方法一：逐渐淡出

很多家长在看到孩子1个月后作业问题有明显改观了，便忽然停止了表格。没有了家庭会议，表格也没有贴在墙上，仿佛什么事情都没有发生一样。没了激励，没了约束，习惯也没养好。打回原形的概率会比较大。

案例：第 4 周的巩固

今天第四周，洋洋写作业玩橡皮的行为有明显的改善了。每天作业速度也有明显提升。今晚我和爸爸还有洋洋一起商量还需不需要继续用"自我激励表格"。

爸爸觉得"感冒好了也要再吃药巩固两天"；而洋洋也还想继续给自己奖励，所以大家都比较愿意继续使用这个表格。

但是我有一个要求，就是每天开家庭会议的流程可以简化，毕竟大家都比较熟悉表格操作了，洋洋自己也可以做很好的总结，不需要爸爸妈妈帮忙开会总结了。

这一点洋洋表示同意。

正好今天听了左老师新的讲座，知道了我们可以将表格变成"乒乓球"的形式。我把这个方法告诉了洋洋，洋洋很兴奋，从来没见过这种方法，觉得很好玩。

今天第一天用简化的方法，效果继续提升！只有一项作业低于洋洋自己的预期，他很高兴。作业结束后跟我商量这周末想奖励自己和爸爸妈妈一起去参观古生物博物馆，我答应了她的要求。

为了巩固良好的学习习惯，逐渐淡出往往要好过"戛然而止"。

洋洋妈妈成功简化了自我激励表格，逐渐减少父母的参与度和家庭会议的频率，逐渐淡化现有状态，而不是戛然而止。让孩子在不知不觉中独立起来，逐渐适应没有激励的情况下也能好好写作业。

这个方法成功的标志之一是：孩子自己愿意继续使用表格。

2. 应对行为反弹的方法二：提醒孩子获得的成就

孩子都是健忘的，尤其容易忘记自己有多么的优秀。

"宝贝，你看你现在每天都能有很多自由支配的时间，比上个月进步了好多哦。这都是你自己努力快速完成作业的功劳。"

"还记得你上个月做作业时有多痛苦吗？现在完全没有了，你真的很厉害哦，这么短时间就有那么大的进步。"

我们要不断提醒孩子的优秀和她们已经获得的成就，这是直接或侧面地提醒孩子再接再厉、继续保持。

3. 应对行为反弹的方法三：再次使用"自我激励表格"

不要害怕，行为的反弹并不代表"一夜回到解放前"，而是需要巩固行为的信号。

就像有人得了关节炎，经常是治好了之后过段时间再次复发。

问题没有根本解决，就要继续吃药。

案例：很失落的小旭

小旭今年上三年级。经过一个多月的"自我激励表格"的使用，作业速度有了明显提高。

于是小旭主动跟妈妈商量，可否停止使用表格，因为作业比较多，不想"浪费时间"。

妈妈没有反对，同意可以先尝试一下。

当天晚上，小旭的作业就出现了速度和质量的下降。妈妈有些担忧，于是跟小旭进行了下面的对话。

妈妈："小旭，今天的作业感觉怎么样？"

小旭："比昨天好像慢了一点。"

妈妈："嗯，你觉得是什么原因呢？"

小旭："因为没有做表格。"

妈妈："妈妈觉得是因为你在 XXX 作业上消耗了较多时间，因为没有给自己计时，所以遇到难题的时候忘记了先做会的、容易的题目，在难题上耗费的时间太久了。同意吗？"（没有批评，而是具体指出退步的原因）

小旭点点头。

妈妈："如果你同意的话，其实我们可以继续采用计时的方法，但妈妈不逼迫你，只是帮忙定个闹铃，具体标准你自己来定。你之前作业可以很快完成，我相信你一定很快能回复到之前水平的。"（提议从新使用计时方法，并鼓励孩子一定能成功）

小旭欣然接受。

大家不用太过担心之前的方法是否已经"前功尽弃"。往往第二次使用这个方法的效果和进程都会更好更快，因为你和孩子都已熟悉操作流程，也有了成功的经验，要比第一次操作起来容易得多。我们需要做的只是提出建议，相信并鼓励孩子。

可能读到这里，你会发现，我很看重家长在操作过程中的语言沟通。是的，对孩子的教育 80% 都是"聊"出来的。你的话语是滋润孩子内心的甘霖，也可能是伤害孩子的"酸雨"。

在很多情况下，可能一句不经意的话和批评会被孩子当成一种负面的信息吸收，导致自我激励表格的"满盘皆输"。

········ **案例：不愿继续的毛豆** ········

毛豆上二年级，在妈妈的"逼迫"下，使用"自我激励表格"一个月，也稍稍有一些成效。作业速度提升了一些。

但是当第五周开始，毛豆主动要求撤掉这个表格。他不想继续使用了。

妈妈很生气，觉得毛豆"不思进取""态度不端正"。将毛豆很很训斥了一番。毛豆被迫继续使用这个表格，哭哭啼啼地完成了今晚的作业。

但当妈妈跟毛豆商量这一周的奖励时，毛豆不愿意继续要奖励，也不愿意跟妈妈沟通如何改进自己的行为了。只是低着头，告诉妈妈：**"你要怎么做就怎么做吧"**。

妈妈很无奈，不知道如何继续这段沟通。

在毛豆的案例中，所有的操作从一开始都是妈妈的"一厢情愿"。动机是好的，但操作方法是错误的。

其中最关键的一点错误——妈妈没有成功激起孩子执行这个方法的兴趣和动力。表格无法刺激他，奖励无法激励他。

这个方法的核心是"自我激励"，但最终却成了妈妈给孩子的另一份"负担"和"压力"。

如果孩子强烈抗拒，甚至是无奈的麻木，那么任何好的方法都将变成家长变相的"指令"，孩子"自主学习"的希望将成为一纸空谈。

所以，好的方法要配合好的沟通语言，尤其是巧妙的鼓励和夸奖，更可以让你对孩子的教育事半功倍。

第八章

火箭作业法中，如何走心
夸奖和鼓励孩子？

8.1 你会夸孩子吗？

上一章我们说到，优秀的鼓励方式可以让我们的教育方法事半功倍。如果鼓励方式不对，很多好的教育方法可能无法有效实施。

8.1.1 孩子的归因风格决定了抗挫能力

若要明白高效鼓励孩子的方法，这里需要提到一个专业名词"归因风格"。

曾任美国心理协会主席的心理学家马丁·塞里格曼教授认为，孩子对事物的看法是否积极取决于自身的归因风格。

归因风格是指孩子对周围发生事情的一种认知和解释。笼统地讲，对于积极的孩子来说：

• 遇到失败时，积极的孩子会认为自己改进后可以进步（内部可控性），并相信下次会成功（失败不是恒久的）。

• 获得成功时，积极的孩子会认为是自己是聪明的和优秀的（内部不可控性），相信自己下次仍然会成功（成功是恒久的）。

相反，对于消极的孩子：

- 遇到失败时，他们会认为是自己不够聪明导致的（内部不可控性），并认为下次还会失败（失败是恒久的）。

- 遇到成功时，却认为是自己幸运导致的"偶然事件"（外部不可控性），所以不觉得下次还会成功（成功只是偶然）。

下面举几个例子来说明积极和消极的孩子是如何看待同一件事情的：

积极和消极的孩子看待同一件事物的区别

「我考试考了第一名」

积极的孩子会认为：我很聪明，下次也会考得很好。

消极的孩子会认为：这次是运气好，下次就不一定了。

「我今天作业写得很快」

积极的孩子会认为：我是个很有效率的人，做任何事都很高效。

消极的孩子会认为：今天作业少而已，下次就不敢保证了。

看了上面两个例子，我想大家应该可以大致明白积极与消极的孩子对事物的看法有什么本质不同了——

积极的孩子倾向认可自己，弱化外界的影响，并乐于积极看待未来；

消极的孩子倾向否定自己，强化外界影响，消极否定未来。

按照这个方向，大家可以回顾一下，每次和孩子在面对成功和失败时，归因风格是偏向消极还是积极呢？

美国前心理协会主席，积极心理学创始人之一，马丁·塞利格曼（Martin E.P. Seligman，1942- ）在《教出乐观的孩子》一书中，推荐了下面这个量表，可以精准地测量出孩子是否乐观以及乐观的程度。

如果此刻正在看书的您有兴趣的话，可以拿起笔，看看孩子的乐观程度如何。

孩子进行该测试前，请抽出 20 min 时间坐在桌边跟孩子说以下话语：

每个小孩都有他自己的想法，我读过一本书，上面曾谈到过这个问题，我在想，不知道你遇到这些事情时会怎么想。你来看，这些问题真的很有趣，它问你对某个情况你会怎么想。每一问题都像个小故事。而每个故事你有两种方式可以回应，你可以二选一。

这里有一支笔，我要你试着回答看看。想象这个故事发生在你身上，然后先 A 或选 B，选你认为最能表明你感觉的那一项。当然，最好的就是这个测验的答案没有对错之分。你要不要试试看？现在让我们看下第一题。

一旦你让孩子开始做后，他可能不需要你的帮忙自己完成问卷（8~13 岁儿童），但是对于年幼的孩子（6~7 岁儿童），你可能需要读每个题目给他听才行。你会发现，孩子年龄越小，越难了解自己的想法，并且每一道问题都要求孩子说出在假设情况下的想法。

一、儿童归因风格问卷

1. 你考试得了个优秀

□ A）我很聪明

□ B）我很擅长这门功课

2. 你跟一个朋友玩一个游戏，你赢了

□ A）跟我玩的人不太会玩这个游戏

□ B）我很会玩游戏

3. 你在朋友家过夜，你们玩得很愉快。

□ A）我的朋友那天晚上心情很好。

□ B）我朋友家的每一个人那天晚上都很友善。

4. 你跟一群人去度假，你玩得很开心。

□ A）我那时心情很好，轻松愉快。

□ B）大家的心情都很轻松愉快。

5. 你的朋友都感冒了，只有你没有。

□ A）我最近很健康。

□ B）我是一个健康的人。

6. 你的宠物被车子撞死了。

□ A）我没有好好照顾我的宠物。

□ B）开车的人太不小心了。

7. 有的朋友说他们不喜欢你。

□ A）有的时候他们对我很不好。

□ B）有的时候我对他们很不好。

8. 你的学习成绩很好

□ A）学校的功课简单。

□ B）我很努力。

9. 你碰到一位朋友，你朋友说你看起来很好。

□ A）我的朋友那天可能很想称赞别人的外表。

□ B）我的朋友通常会称赞别人的外表。

10. 一个好朋友告诉你说他很恨你。

□ A）我的朋友那天心情不好。

□ B）我那天对我的朋友不好。

11. 你说了一个笑话，但是没有人笑。

□ A）我不太会说笑话。

□ B）这个笑话大家都知道了，所以不好笑。

12. 你听不懂老师今天上的课。

□ A）我今天什么课都没有注意听。

□ B）我没有注意听老师讲的话。

13. 你考试不及格。

□ A）老师出的题目很难。

□ B）过去几个星期老师出的题目都很难。

14. 你体重增加了很多，看起来很胖。

□ A）我所吃的食物都是会发胖的。

□ B）我喜欢吃会发胖的食物。

15. 有个人偷你的钱。

□ A）那个人不诚实。

□ B）现在的人都不诚实。

16. 你的父母夸奖你做的东西。

□ A）我很会做东西。

□ B）我的父母喜欢我做的东西。

17. 你玩一个游戏，你赢了钱。

□ A）我是一个幸运的人。

□ B）我玩的时候运气都很好。

18. 你在河里游泳的时候差一点淹死。

□ A）我不是一个很小心的人。

□ B）有时候我不太小心。

19. 你被邀请去参加很多的宴会。

□ A）最近很多人都对我很友善。

□ B）我最近对很多人都很友善。

20. 有个大人骂你。

□ A）那个人碰到第一个人就开始骂。

□ B）那个人那天骂了好多人。

21. 你跟一组朋友合作进行一个计划，但是结果很不理想。

□ A）我跟那一组的人合作不好。

□ B）我跟一组人合作从来没有好过。

22. 你交了一个新朋友。

□ A）我的为人很好。

□ B）我遇见的那个人很好。

23. 你和你的家人处得很好。

☐ A）我跟我的家人在一起时，我很容易相处。

☐ B）有的时候我很容易和我的家人相处。

24. 你去卖糖果，但是没有人买。

☐ A）最近很多小孩都在卖东西，所以很多人都不愿意去小孩那里买东西。

☐ B）大人不喜欢去小孩那里买东西。

25. 你玩一个游戏，你赢了。

☐ A）有的时候我玩游戏很尽心。

☐ B）有的时候我做事很尽心。

26. 你在学校成绩不好。

☐ A）我很笨。

☐ B）老师不公平。

27. 你走路撞到门，鼻子流血了。

☐ A）我走路时没有注意看路。

☐ B）我最近很不小心。

28. 你漏接了一个球，你的球队因此输了。

☐ A）我那天打球没有尽力。

☐ B）我平时打球都没有尽力。

29. 你上体育课时扭到脚。

☐ A）过去几个星期的体育课都很危险。

☐ B）过去几个星期，我上体育课都很不小心。

30. 你爸妈带你去海边玩，你玩得很愉快。

☐ A）那一天在海边发生的每件事情都很好。

□ B）那天海边的天气好。

31. 你坐的火车晚点了，使你没有赶上电影。

□ A）这几天火车都不太准时。

□ B）火车几乎从来没有准时过。

32. 你妈妈烧了你最爱吃的晚饭。

□ A）我妈妈会为了使我高兴而做一些事情。

□ B）我妈妈喜欢使我高兴。

33. 你的球队输了。

□ A）队友们不合作。

□ B）那天我的队友合作不佳。

34. 你很快就做完了功课。

□ A）最近我做什么都很快。

□ B）最近我做功课很快。

35. 你的老师问你一个问题，你答错了。

□ A）我每次回答问题都会很紧张。

□ B）那天我回答问题时很紧张。

36. 你上错公共汽车，你迷路了。

□ A）那一天我对什么事情都不太注意。

□ B）我平常都不注意周遭发生了什么事情。

37. 你去游乐场玩得很高兴。

□ A）我通常在游乐场都玩得很好。

□ B）我通常都会玩得很好。

38. 一个大孩子打你的耳光。

□ A）我捉弄他的弟弟。

□ B）他的弟弟告状说我捉弄他。

39. 你在过生日时得到了所有你想要的礼物。

□ A）大人每次都猜到我想要什么生日礼物。

□ B）这次生日，大人猜对了我所想要的礼物。

40. 你去乡下度假，玩得很愉快。

□ A）乡下非常漂亮。

□ B）我们去的这个季节是很美的季节。

41. 你的邻居请你去他家吃饭。

□ A）有时候大人的心情很好。

□ B）他们人很好。

42. 你的代课老师很喜欢你。

□ A）我在那天上课很乖。

□ B）我上课几乎都很乖。

43. 你使你的朋友很高兴。

□ A）跟我在一起时通常都很有趣。

□ B）有的时候跟我在一起很有趣。

44. 你得到一个免费的冰淇淋。

□ A）我那天对卖冰淇淋的人很友善。

□ B）卖冰淇淋的人那天心情很好。

45. 在你朋友的宴会上，魔术师叫你做他的助手。

□ A）他选中了我纯粹是运气。

□ B）我对他的表演表现出非常有兴趣的样子。

46. 你想说服一个朋友跟你一起去看电影，但是他不肯。

□ A）那天他什么事都不想做。

□ B）那天他不想去看电影。

47. 你父母离婚了。

□ A）结了婚的人很难相处得很好。

□ B）我父母结婚后相处得很不好。

48. 你想加入一个俱乐部，可是你进不去。

□ A）我跟别人处不来。

□ B）我跟俱乐部的人处不来。

二、记分：

每一题选项中：选择 A 的，记 1 分；选择 B 的记 0 分

先将题目按题号归为下面几类，然后分别计算出每一类的分数：

PMB=13+18+24+28+31+33+35+36

PMG=5+9+23+39+40+41+42+43

PVB=12+15+20+21+27+46+47+48

PVG=1+3+17+25+30+32+37

PSB=6+7+10+11+14+26+29+38

PSG=2+4+8+16+19+22+44+45

然后，将 PMB、PVB、PSB 三类分数相加，得到 B 的分数：

B=PMB+PVB+PSB

再将 PMG、PVG、PSG 三类的分数相加，得到 G 的分数：

G=PMG+PVG+PSG

其中，B 代表遇到坏事件时孩子的乐观程度；G 的分数代表遇到好事件时孩子的乐观程度。

三、分数的意义

B 项分数的意义：个人坏事件方面（PMB、PVB 及 PSB）每一项的

平均分大约是女孩 2.4，男孩 2.9（坏事件的分数越高，孩子就越悲观）。3.5 或更高即显示有抑郁的风险。悲观的 PMB 分数代表孩子会变得消极并且失败后不能振作。乐观的 PVB 分数的孩子将挫折视为挑战，悲观的 PVB 分数的孩子从一件不好的事件中泛化结论而使事情灾难化。男孩与女孩的 G（好事件）总分的平均数都是 13.8（G 总分越高，孩子越乐观）。比平均数低了 2.0 以上的分数，代表十分悲观。

G 项分数的意义：个人好的事件方面（PMG、PVG 及 PSG），女孩与男孩的平均分数都是 4.6，分数低于 4.0 就是极度悲观。乐观的 PMB 分数指孩子会在一两次成功之后继续成功。悲观的 PMG 分数指孩子不能从成功中获利，即一项成功并不会带来更多成功。乐观的 PVG 分数指可同时具有不同范围的成功，孩子与朋友交往顺利时，功课也会更好，悲观的 PVG 分数则相反。乐观的 PSG 分数指孩子常将成功归因于自己的内部品质，并且感觉有自尊。悲观的 PSG 分数则相反，即使在做得很好时，也时常有自尊的问题，将成功归为外部因素所致，如运气或环境。

注：以上出现的平均分是指测试样本中的整体平均水平。

男孩和女孩的分数是不同的。女孩在青春期以前显著比男孩乐观。8~12 岁女孩的平均分数（G-B）大概是 6.5；8~12 岁男孩的平均分数低于 5.05；8~12 岁男孩的平均分数大概是 5.05。假如女孩的平均分数低于 5.0，她有一点悲观。假如她的分数低于 4.0，那她就非常悲观，会有患抑郁症的危险；假如男孩分数低于 3.0，他有些悲观；假如他的分数低于 1.5，那他也非常悲观，会有患抑郁症的危险。

至于 B 的总分，女孩平均 7.1，男孩平均 8.6，女孩比男孩一更乐观（B 的分数越高，表示越悲观），B 的总分比平均分高出 1.5 以上则表示十分乐观。B 的总分表明你的孩子平常是如何对不好事件做出反应的。HoB（悲观的分数）指出孩子不会从挫折中爬起。将挫折从一个范围泛化到另一个范围，并且在事情不顺利时过分责怪自己。

父母的归因风格影响了孩子，孩子的归因风格决定了他们的执行力。

8.1.2　改善孩子归因风格，让孩子更乐观

遇到失败要鼓励，遇到成功要夸奖。

夸奖和鼓励孩子的本质是让孩子的归因风格越来越积极。

同样，秉承孩子终将独立，我们要"授之以渔"的理念，改善孩子的归因风格才是夸奖和鼓励的最终目的。

有效的夸奖和鼓励没我们想象的简单。

家长日常的夸奖和鼓励往往存在很多"误区"。

案例：儿子拒绝练习篮球

小米最近喜欢上篮球了。于是爸爸就带他去篮球场学习运球和投篮。

可是小米每次投篮都投不进去，连篮筐都碰不到，有些泄气。这时候爸爸走过来安慰他：

"小米很棒啊，你的投篮其实投得很好。"

小米摇摇头："可是我一次都没投进啊。"

爸爸笑一笑说："没关系的，来跟爸爸一起练习吧，爸爸相信早晚有一天你一定会成为篮球健将的！"

小米并没有很开心，反倒很泄气地说："算了吧，我一辈子都打不好篮球，还是你投篮我看着吧。"

这时候爸爸有点不开心，想要让小米继续练习，可是小米就是不愿意，最后不欢而散，很早就回家了。

我们全家都是很上进努力的，真不知道为什么小米这么的没有上进心。

这是小米妈妈的一次教育笔记的真实记录。

这次鼓励没有成功，反倒让家长认为是孩子"没有上进心"。

其实，原因全在父亲的鼓励上。这位父亲在夸奖孩子时陷入了几个误区：

误区一：父亲全程都在说谎

"你投的很棒"这句虚假的安抚孩子是能听出来的。这样说出来后，后面的所有鼓励孩子都不信了。

误区二：没关注到孩子的亮点。

比如动作的进步或者每一次都离篮筐更近了一点。就算没有任何进展，一直练习没停下的那份坚持也是值得强调和认可的。

误区三：没有顾及孩子的情绪

当一个人有抵触情绪的时候，任何鼓励和要求都是听不进去的。此时冷静一下、转移一下注意力，或者休息一下也许比要求孩子立刻回去练习要更好。

误区四：没有提出具体的建议

父亲的建议没有包含建设性的具体反馈，孩子直到最后都不知道如何改进自己的投篮动作。

那么真正"走心"的鼓励应该是什么样的？

8.2　走心鼓励的 4 个黄金要素

真正能给一个人力量的鼓励往往具备下面 4 个黄金要素：

1．实事求是

不好就是不好，孩子不需要虚伪的掩饰，需要的是你能陪孩子一同直面不足的勇气。当父母能轻松直白地告诉孩子失利的真相时，孩子会愿意继续听下去的。

2．寻找亮点

虽然作业速度慢，但是这次没有走神；

虽然字写得不好，但是正确率有所上升；

虽然足球赛输了，但是在整个过程中传球非常到位。

寻找孩子的亮点，一方面是给予孩子真诚的肯定，另一方面也能让孩子从挫败感中迅速转移注意力，尽可能地认可自己。

你要努力让孩子意识到：没有彻头彻尾的失败，再惨痛的失利也有值得肯定的部分。

根据我的实际经验，父母往往习惯对孩子"查缺补漏"，因为希望孩子做得更好，所以寻找孩子的缺点和过失较为熟练。

但是，父母却并不那么擅长寻找孩子的亮点。

在这一点上，确实需要一番练习。可以平时多去思考孩子的亮点，并练习用积极的态度表达。这是技巧，需要不断练习才能在关键时刻给予孩子力量。

3. 指出问题的关键

这一要素对父母的判断力是个考验。

跳出问题看本质往往能更快速地找到失败的症结所在。

比如作业总是走神，是因为做作业时候喜欢玩手上的橡皮，还是因为被某些难题难住了，打乱了做题的节奏？

当然，不强求大家一定要立刻找出问题的症结，如果自己也找不出问题所在，可以和孩子一起讨论。此时，"启发式问题"和"建议提问"便可以派上用场：

- "你觉得这次作业写得慢主要原因是什么呢？"（启发式问题，让孩子自己思考原因。）

- "我观察到你每次走神都是在玩橡皮，如果我们在橡皮上贴一个提醒卡片会不会对你有帮助呢？"（建议提问，给孩子提出建设性建议。）

启发式问题在这里可以做一种升级和拔高。不但询问问题症结，还可以启发孩子思考解决办法：

- "你觉得这次的问题在哪里呢？"
- "你觉得接下来怎么做可以解决现在的不足呢？"

类似这样的问题在你指出问题关键点之前与孩子讨论，可以提升孩子的解决问题能力。

4. 放眼未来

这一步的本质是启发孩子思考下一次该如何改善。让孩子尽快从当下的失利中走出来，拥抱希望，用更大的热情投入到下一阶段的努力中。

我用一个例子来说明这黄金四要素的实际使用是怎样的：

案例：大宝挫败的一晚

按照左老师的方法，第一天使用火箭作业法跟大宝（儿子，二年级）一起改善作业速度慢的问题。孩子的积极性很高，信誓旦旦要在1个小时内完成作业。

可是今天作业有点多，明显我和孩子都没有做好预估。几乎每一项作业都没有在预定时间内完成。

我们约定好9点钟睡觉，可是到了8点30分都还没有全部做完。大宝情绪崩溃，急哭了。边哭边说："今天没法看电视了，呜呜呜……"（约定的奖励是做完作业到9点前的时间可以看电视）

于是爸爸让大宝先暂停一会，将他抱起来坐在沙发上开始了下面的对话：

爸爸："你为什么哭那么伤心啊？"

大宝："我写作业太慢了。"

爸爸："嗯，今晚确实没有在预定时间内完成。"

大宝："……"（默默点头）

爸爸："虽然你没有按照约定时间完成，但是爸爸看到你今天特别积极主动的去写作业，还是很高兴的。"

大宝的哭声小了点。

爸爸："爸爸注意到一点，你今天写作业走神和开小差的次数明显比之前少了好多，说明你今晚写作业非常认真专注。"

爸爸："而且你一直都对作业精益求精，非常在意字迹的工整。这一点在今天仍然保持着，非常好。"

大宝的情绪缓和了很多。

爸爸："而且今天情况有点特殊，老师布置的作业有点多，这是爸爸和你都没有预估到的，对吧？"

大宝默默地点点头。

爸爸："我觉得你明天继续保持这样的势头，一定可以预留出一些时间来自由支配。爸爸相信你的能力。"

大宝："嗯！爸爸，我也相信，我明天也会这样的，我觉得这样写作业速度特别快！"

说完，就开心的继续回去写作业了。我觉得今天儿子特别懂事，爸爸也比较有耐心，这些都让我觉得很欣慰，大家都有了好的改变。

从爸爸的话语中（画线部分），我们可以看到：

① 爸爸关注到了孩子的情绪问题；

② 实事求是地承认了这次不尽人意的结果；

③ 适时发现了孩子在失利中的闪光点；

④ 指出这次问题的关键在于没有预估准确的时间；

⑤ 放眼未来，及时鼓励孩子保持积极性，明天一定可以做得更好。

这是一次高效的鼓励，第二天大宝仍然有较高的积极性，而且成功为自己争取到了 50 分钟的自由支配时间。

多利用高效鼓励黄金四要素的好处，不光是能在当下高效鼓励孩子。而且久而久之，我们可以逐渐让孩子的内心更积极，优化孩子的"归因风格"，让孩子从内在变得越来越乐观。这是这个方法最重要的优势。

那么在成功时如何夸奖孩子呢？

8.3 夸奖孩子的秘诀

和遇到失败鼓励孩子一样，遇到成功夸奖孩子时也可以使用这4个黄金要素。请看下面的案例：

案例：你拥有发现美的眼睛

今天女儿放学回到家，我在做饭。女儿很高兴地拿着作文本跑到厨房，将作文本骄傲地晃到我的眼前，告诉我："妈妈今天我的作文得了优秀，还被老师点名到讲台上朗读呢！"

我立刻放下手中的锅铲，拿起作文本说："快给我看看！"

我继续说："嗯……确实写得不错。我喜欢你这一段描写秋天美景的描述，让我觉得我就在你描写的这个金黄色的树林中奔跑呢。"

女儿很高兴。

我将作业本还给女儿，弯下腰继续夸奖女儿："你有一双能发现美的眼睛，所以总能把美好的东西写在作文中，女儿真棒！"

女儿听后特别开心，蹦蹦跳跳地跑去客厅玩了。

从上文中画线的部分可以看出这位妈妈出色的使用了黄金四要素的精髓：

① 停下手中的事情；

② 认真看完了作文；

③ 将成功归因为孩子永恒不易改变的品质（发现美的眼光）；

④ 用"总是"这个词暗示妈妈相信女儿下次依然能写出很美的文章。

在我看来，这是一次非常温暖和积极的母女互动。女儿会因为妈妈的夸奖进一步认可自己，让自己的内心充满能量。

除了孩子失败和成功的情况，还有一些时候，你只是想给孩子提一些建议，如何让孩子能听得进去呢？

8.4 如何给孩子提意见孩子更愿意听？

案例：关于弹钢琴的矛盾

平时辅导女儿练琴有一件很头痛的事情，就是每次我告诉她哪里弹错了，或者哪里可以弹得快一点或慢一点时，女儿都会忽然很暴躁。

要么不愿意让我再陪她练琴，要么就直接生气走人，不愿意练琴了。

今天又是这样，我陪她练钢琴，明天还要上课。她有个音弹错了。我告诉她，她立刻暴跳如雷。最后闹得不可开交，后来我甩出一句话："你自己练吧，练成啥样就啥样，我不管你了！"

后来我进屋，听到她自己在那里练琴，自己默默改过来了。

过一会练完了，自己跑进屋来跟我撒娇。真是不知道怎么办才好。

你也许会经常遇到这样的情况：孩子"自尊心太强"，家长"直言不讳"提出意见时与孩子产生了很多摩擦。尤其是孩子处于逆反期，更是像一堆"干柴"，"一点就着"。

其实，没有人喜欢被指出错误。

在人的第一反应中，别人指出错误是一种攻击。"逆反"或"叛逆"只是一种被"攻击"后的自我保护。

所以不光对孩子，对待任何人提出意见和指出对方错误时，都应该慎重措辞。下面教给大家一个小诀窍，能瞬间将这种"攻击"转变成"认同"。

> "嗯，你弹得不错，但是第六小节有个音弹错了，你要改一下。"
>
> Vs.
>
> "嗯……好美妙啊妈妈都陶醉了。虽然有个音符没弹准，可整体真的弹得很好听！"

将"但是"换成"虽然"，我们体会一下下面这两句话：

第一句，是美中不足；

第二句，是瑕不掩瑜。

其实，这个小诀窍就是借鉴了鼓励黄金四要素中的第二点——寻找亮点。

当被否认的时候，没人会觉得好受，自己也知道哪里做得不好。但是孩子总是希望被最亲近的人认可，因为这是自己面对不足的唯一安全感和动力来源。

　　"以爱之名"不是直言不讳伤害孩子的借口；"都是为了你好"也只不过是粗暴的道德绑架。

　　教育即沟通。沟通的艺术掌握了，教育孩子才能事半功倍。历来如此。

第九章

"软性作业"多而杂，
辅导方法要升级

9.1 何为"软性"作业？

"软性"作业是相对于"硬性"作业来讲的。

一般的，老师布置但不要求强制执行的作业被称为软性作业。相反，硬性作业是老师要求书写下来并在下次上课前检查的作业。

很多孩子甚至家长会忽略软性作业，因为老师不检查。可是相对于硬性作业，我更看重软性作业。原因如下：

软性作业一般看重的是孩子能力的长期培养和教材知识的扩充、可以给家长更大的操作空间。

知识和能力决定了孩子的成绩，知识一般靠硬性作业巩固，能力培养多半靠软性作业。

比如预习和复习作业。表面上是为了方便孩子明天上课能更好地吸收课堂所讲知识。但实际上，它锻炼了孩子"温故知新"的基本学习能力。

但预习要有方法，不是简单粗暴的让孩子："预习功课去！"就能让孩子有所提升。

9.2　课前预习有风险

课前预习很重要，但有风险。不同科目的预习目的不同。

语文的预习可以让孩子预先了解新课的文章内容和生字词，让孩子有更多精力在课堂上与老师深入讨论课文的修辞手法和作者情感。

数学的预习可以让孩子预先熟悉晦涩难懂的抽象概念，以便在课上缩短讲解部分，进而增加巩固练习的时间。

英语的预习可以让孩子了解生词和语言发音，从而有更多精力和时间了解语法和增加实际运用的练习。

上面这些都是预习的好处。但是课前预习也有风险。

教育心理学的相关研究表明，孩子对书本知识的预先知晓会降低孩子对知识深入学习和体验的积极性。说简单点，就是孩子自己提前熟悉了知识，上课就可能不想听讲了。学不会的，孩子不想听；太熟悉的，孩子也不爱听。

所以对于课前预习，家长要做程度上的把控。不是把下一堂课的内容全部学会就是最好的操作。

所以较好的操作是：

针对优势学科，可以要求孩子自学，预习后让孩子复述给家长听。如有疑问，鼓励孩子带着问题明天在课上认真听讲。这是在培养孩子自主学习和独立研究的能力。

对优势学科，孩子因基础扎实，大概率可以对下一阶段的基础知识较快理解，再通过复述加深印象，"学进去，讲出来"。上课之前基础打好了，将更多的经历放在拔高部分，可以更有效地提升学习效率。同时还能让孩子在课上更好地举手回答问题，提升自信心、良性循环。

针对弱势学科，家长可以提供适当讲解，注重课程中的基础字词和难点的讲解。

孩子对弱势学科本身基础不牢，在预习时更需要有人讲解，先有一个大致的熟悉度。家长在讲解的时候可以标出孩子较为难懂的知识点，不求全懂，但求熟悉。上课时孩子也能对难点知识更集中注意力听。

另外，如果当天晚上家庭作业中出现了昨天预习时遇到的难点，家长也不会吃惊，可以继续讲解。这样针对性的重复更能提升孩子对难点知识的记忆。

9.3 适当调整朗诵类"软作业"，大幅提高孩子的语言功底

每天早上，大多数小学都会有一堂"早读课"。

甚至还会有学生"检察员"带个红袖章，每天检查各个班级的同学是否有大声朗读出来，没有的话要扣分。

可是这样的学习方法真的有效吗？

在这本书的前半部分我有讲过，语言学家认为：大声朗读是无法提高孩子的阅读能力的。

难道中国沿用几十年的"常识"错了？

很难接受是不是？别着急，这还得从我们人类大脑的功能分区说起。

控制人类语言的大脑司令部总共有4个"分公司"。

分别是：运动型语言中枢、听觉性语言中枢、书写性语言中枢和视觉性语言中枢。这4个分公司"业务"彼此不同又相互联系：

四大语言中枢的作用

运动型语言中枢：确保你说的话别人能听懂。

听觉性语言中枢：别人说的，确保你能听懂。

书写性语言中枢：确保你写的字别人能看懂。

视觉性语言中枢：别人写的字，确保你能看懂。

它们是相对独立的。"大声的朗读"，其实对认字的速度和培养阅读习惯有很大帮助，但孩子究竟能理解多少，这个就很难说了。

案例：囫囵吞枣读课文的飞飞

飞飞今年上二年级，爸爸对她的语文学习很上心。每天都要求飞飞将学过的课文背诵出来，并保证有感情。

飞飞很有天赋，课文朗诵的很有感情，声情并茂，爸爸一直很满意。

但当发下来单元测试卷时，爸爸却发现飞飞对课文中句子进行解释的题目做的很糟糕——原来飞飞一直都不理解课文中的句子到底是什么意思。只是在机械地按照家长和老师的要求背诵。

这让爸爸百思不得其解："课文都会有感情背诵了竟然还不知道意思？孩子是怎么做到的？"

心理学研究表明，有相当一部分孩子天生记忆力超群，他们能一目十行，看一遍文章便可倒背如流。这是很正常的。儿童在学龄早期存在"拍照式记忆"的能力（绝大部分人童年时具备这种能力，但随着年龄增长而逐渐退化）。他们能将看到的课文在脑子里面"拍"下一张"照片"，存在大脑里。当需要回忆的时候，就像从自己的大脑里的"书柜"

里抽出这张"相片"一样，照着念就好了。

很多家长经常会不相信自己孩子看一两遍课文就全背会了。要孩子一遍遍复习，并要求"有感情"地背诵。

其实在孩子看来，有感情背诵只不过是将自己脑子里的那张"相片"读慢一点罢了。

如果想让孩子加深对文章的理解，建议大家用下面三种方法，会比"有感情朗读"更高效。

1. 将"大声朗读"转变成"复述"

复述是最直接的锻炼方法。大家可以将老师布置的"大声朗读"作业转变成"默读后向家长复述"的作业。这样，看似不重要的"软性"作业瞬间变成了锻炼理解和表达能力的"高含金量"作业。

2. 批注式阅读＋读后感

周末作业和假期作业里，语文老师都很喜欢布置"读后感"的作业，这是老师检查学生扩充阅读是否完成的有效方法。

为什么说它是"软性"作业呢？

因为这些作业往往是假期作业，量很大，字数很多。虽然老师都会批改，但基本不会细看其中内容，属于表面"硬"实际"软"的作业。很多孩子是抱着"反正老师也不认真批改"的心态应付了事。

但还是那个道理：班级作业保证的是一般水平。若想精益求精，家长需要自己"加工"。

数百字的读后感相对几千甚至几万字的扩充阅读材料来说，就像蚂蚁与大象的关系，让孩子在不经过训练的情况下将"大象"浓缩成"蚂蚁"是一项高难度操作。怎么办呢？

"拆分读后感"的训练可让孩子的阅读理解能力高效提升，还能让孩子养成"不提笔不读书"的良好阅读习惯。

我们可以将读后感作业拆分成两部分：批注式阅读＋撰写读后感。

批注式阅读就是让孩子在读书时对自己感兴趣或者认为描写很棒的地方标记出来，并对此进行批注（低年级孩子可以只标记不批注）。阅读完之后我们可以检查孩子的阅读痕迹，并跟孩子深入探讨这些标记的地方好在哪里。

另外，跟孩子讨论文章批注可以有所侧重。

我们可以在跟孩子在研习文学作品或课文时重点讨论下面这几点：

与孩子讨论文章的几个关键点：

1. 语言、表情描写

提问示例：

- "怒目圆睁这个词表达了这个人是在生气还是开心呢？"

- "她为什么要叉着腰冷笑一声呢？"

2. 细节描写

提问示例：

- "作者为什么要写这个小孩站在那里不断地扣着自己的指甲呢？"

- "你看到哪一点能感受到主人翁很紧张呢？"

3. 作者的情感表达

提问示例：

- "你觉得作者认为曹冲是聪明还是愚蠢呢？"

- "你从哪里感受到了猪八戒很蠢笨呢？"

这三点，是国家教育部的要求，也是文学类考试的重点，体现了阅读能力的核心所在——感悟语言和表情、挖掘细节、体会作者的情感。学习和考试的要求已经具体到这个地步了，我们不需要再去寻找更新颖的方法了，跟着教育部的要求去做，应该是没错的。

在每次阅读前，多鼓励孩子对上面这三点进行批注，并在之后与家人讨论。久而久之，孩子将会有非常深入的文章洞察力，以后做题、写作文，不怕老师不给高分。

批注的点往往是孩子的兴趣点和文章的精华。结合这些标记再让孩子撰写读后感就要容易得多，也更容易写出深度。

3. 批判性阅读训练

虽然我国的基础教育世界瞩目，但全世界大学排名前 100 的高校多半在西方世界。其中原因很多，但很重要的一个原因是西方学校从小注重对学生"批判性思考"（Critical Thinking）的训练。

案例：无言以对的妈妈

洋洋是个二年级的小学生。但"人小鬼大"，总会问一些让大人无法回答的问题。有一天，当妈妈在给洋洋读水浒传中《鲁智深拳打镇关西》的故事后，洋洋很疑惑。他不解地问妈妈："妈妈，鲁智深打死了人不是罪犯吗？虽然他是打抱不平，但也打死人了啊，警察不应该抓他吗？为什么还说他是好汉呢？"

妈妈对洋洋突如其来的"灵魂拷问"一时语塞，不知如何作答。

他并不全盘接受书中的说法，而是有自己的独立思考。这是需要鼓励的。

对权威的挑战加速了社会的进步，这是非常重要的能力，要从娃娃抓起。

我们可以在孩子阅读后多用启发式问题提问孩子："你觉得这篇文章哪里写得不好？"或者"你同意文章中这个观点吗？"并鼓励孩子说出真实性想法或找出证据证明自己的观点。

只要符合逻辑的质疑我们都应该鼓励。

如果有的问题孩子暂时想不明白，不用急着告诉孩子你认为的"正确答案"，可以鼓励孩子利用网络和查询书籍来尝试证明自己的质疑和观点，用探索和开放的精神面对自己学习的知识。

需要注意的是，虽然4种能力相对独立，但在平时训练时没有必要分开独立训练。各项语言能力是相辅相成相互联系的，所以上面讲的三种训练方法并不针对某一种语言能力，而是综合提升的方法。

9.4 如何引导孩子利用网络管理自学类"软作业"？

21世纪不看智商，看"搜商"。搜商是一种与智商、情商相并列的人类智力因素，主要用于衡量一个人利用互联网搜索知识的能力。

在知识大爆炸的时代，局势瞬息万变，新的知识和问题层出不穷。大脑记住的知识往往只是基础，遇到问题知道如何找到答案更加重要。

所以，让孩子从小适当地接触互联网和电子工具解决学习问题是具有前瞻性的。

"自己 ABC 可能都认不全，让我辅导孩子预习和复习英语不是让我在孩子面前丢面子吗。"也许你会有这样的抱怨。

但是，其实就算你再厉害，也总会有你教不了孩子的那一天。

让孩子学会利用互联网自学，既是能力的体现，也是时代的趋势。

对于单词的发音和拼写甚至语法，都有很方便的软件和网页帮助孩子学习。

搜索引擎、英语翻译软件就是很常用的方法。

当然，不是把孩子交给电子产品你就可以做"甩手掌柜"了，我们要对孩子使用电子产品进行一定约束。

　　有些网页或 APP 是可以直接通过搜索关键词给到孩子正确答案的，甚至是直接拍照搜索答案。这不能帮助孩子的学习反倒有可能养成孩子思维懒惰的习性，所以不建议使用。

　　另外，这里有几条约束孩子上网的基本原则你需要知道：

　　① 打开网页或 APP 的青少年模式能有效屏蔽有害信息；

　　② 尽量在父母监督下使用电子产品；

　　③ 严格限定时间（半小时以内为宜），保护视力。

　　④ 如有条件，学习用电子产品和娱乐用电子产品可以分开。比如学习用的 ipad 设置孩子不知道的下载密码，防止孩子偷偷下载游戏。娱乐用的手机要在特定时间和地点在父母监管下使用。

　　⑤ 充分的体能活动和丰富的兴趣爱好是防止孩子沉迷电子产品的根本，家长平时还是要做好运动计划，每天超过 2 小时的体能活动可以让孩子保持良好的用眼卫生和身体发育状态。

9.5 如何辅导孩子手工设计类"软作业"?

手工、手抄报或者海报等作业，是近几年家长最反感的家庭作业。学校很喜欢这类作业，以考验孩子的"综合实力"为主要体现。

布置手抄报等设计类作业的目的，是通过版面布局和文案设计让孩子对相应知识有全面的理解，还能提升审美能力。

不过往往想法很饱满，现实很骨感。

因为如果做得不好看，孩子在班里会被同学比下去，没面子，甚至会被老师批评。

孩子的能力参差不齐，有些孩子对设计和排版缺乏训练，一窍不通，又急着完成作业明天检查，只能寻求家长的帮助。最后，在多方压力下，很多家长不得不代劳。

有正确答案的题目还勉强知道如何辅导，没标准答案的设计类作业可愁坏了很多家长。

可是，家长"代劳"是一个恶性循环。

手抄报掺入了大人的智慧，质量不断"虚高"。班级整体水平也跟着"水涨船高"。以后孩子再想自己做手抄报，跟之前的作业和其他同学的"作品"一比，很容易放弃努力，继续依赖家长，这是个无底洞。

那么家长应该如何做呢？

不可否认，这种作业是非常好的，只要不是家长代劳。所以，尽管有多方压力，尽管我们管不了其他家长如何做，还是建议让孩子自己动手，家长以引导为主。如何引导呢？

1. 引导孩子挑选模板

创造分原创或者再造。

我们可以不会设计，但可以引导孩子学会"站在巨人的肩膀上"，学习、借鉴好的作品。比如利用互联网，引导孩子搜索成功案例和精美模板，自己喜欢的风格，并在模板基础上加入自己的文字和图片，让孩子在制作的过程中掌握知识、提升审美能力。

2. 学习他人的作业

对让孩子独立完成这类作业的观点你可能会很为难："道理我都懂，但孩子因为被别的同学比下去了怎么办？"

乐观的孩子并非不受伤害，只是能更好地应对伤害。

所以，不要怕孩子遇到不公平或者被比下去。任何挫折都应是家长教育孩子的珍贵资源，应该被你利用起来。

如果孩子到学校发现自己做的作品不如其他孩子（实际是家长）的作品怎么办呢？

我们这样为引导：向优秀作品学习；鼓励孩子跟家长一起搜索教学视频。

告诉孩子："我也不会这些任务，真的很难。但是我可以跟你一起寻找方法，我们一起来找找看吧！"这不丢人，也不会让给孩子失望。反倒是在你和孩子共同完成一项任务的过程中，能加深孩子对你的信任感。

向同班同学的优秀作品学习是最直接的方法。

俗话说"文无第一"，每个人的审美标准都不一样。自己孩子的手工作业不好不一定是单纯不好看，而是不符合老师的审美标准。如果你把老师当成作业的"裁判"，那么老师的审美标准就是"比赛规则"。可是一开始我们都不知道规则是什么。

班级里的优秀作业代表了老师的评判标准，也代表了孩子要改进的方向。

可以向老师索取优秀作业的照片，运用比较思维和学习心态拿自己的作品和它对比，缺了什么、少了什么一目了然。下次改进就好了。

当然，与优秀作业的差别可能孩子（尤其是低年级的孩子）是无法自己提炼出来的，这就是我们家长要引导的重点。循环往复，孩子的进步就只是时间问题了。

如果这个方法仍无法带来令人满意的结果，我们可以换一个方法。

家长不必做孩子的老师，而是跟孩子一同寻找老师的同伴。

不管家长多厉害，永远不可能处处做孩子的老师。但家长总可以帮孩子找到一个更好的老师。

感谢发达的互联网技术，各种搜索引擎和视频平台提供了技能教学资源。可以跟孩子一同寻找此类教学视频，跟着视频学习，让互联网做孩子的老师，提升效果会突飞猛进。

3. 制作展示墙

除了前面我们提到的语言鼓励外，还有一种行动对孩子是最好的鼓励——制作展示墙。

在家里单独空出来一面墙，可以贴上软木板，将孩子所有的作品展示出来。

这面展示墙可以让孩子看到自己的进步历程，从最初稚嫩的作品到后期熟练、优秀的作品，一目了然，让孩子对下一次进步充满自信。

4. 对弱势项目，要有"长板"心态

有的孩子擅长舞蹈，有的擅长数学，有的擅长手工设计。

拿别人擅长的项目去跟自家孩子不擅长的项目比较就是给自己添堵。

我见过有些家长要求孩子"精益求精"，逼迫自己孩子照着班里手抄报做的好的同学的样子重新照抄一遍。

拿"别人家的孩子"做比较是徒劳并有害的。

手抄报等设计手工作业是为了提升孩子审美和创造力，但不是为了培养"艺术家"。所以，手工和设计类的"软作业"，没有"精益求精"的道理，只有兴趣提升的引导。

对孩子的学习，我们不光要有查缺补漏的补足"短板"心态，对孩子擅长的科目还要有扬长避短的"长板"心态。

什么叫长板心态？就是要放弃事事争第一的焦虑，能容忍孩子对不感兴趣或弱势的科目保持在合格线以上的水准，而在孩子有兴趣或强势的科目上持续精益求精，最好达到超越他人的水准。

第十章

疏导学习焦虑，让火箭作业
法高效执行

10.1 一半以上的孩子正在经历学习焦虑

曾任美国心理协会主席的著名心理学家马丁塞里格曼曾指出，青少年期之前，约有一半以上的孩子曾经历过抑郁或焦虑症的困扰。

我国国内的多项研究表明，中国学生的焦虑症患病比例大约在 25% 左右。[1] 结合近期大量的儿童自杀新闻，作为家长的你是否应该开始提高警惕呢？

孩子的学习焦虑是影响孩子作业和学习的主要原因之一。

"有勇气死却没勇气写作业"，孩子们到底在承受怎样的压力？

这值得所有家长深思。武断管教往往只能让情况往更糟的方向发展。

10.1.1 怎样判断你的孩子近期有无学习焦虑呢？

儿童学习焦虑的常见表现：

1. 经常表现出很担忧、成绩忽然下降；

---

1 苏林雁，高雪屏，金宇，刘军，罗学荣，& 文慧. (2006). 小学生焦虑抑郁共存的现状调查. 中国心理卫生杂志, 20(1), 1-1.

2. 忽然想要爸妈陪着睡觉（或怕黑）；

3. 心灰意冷，不相信自己可以完成作业（或夸大自身的无能、自卑）；

4. 精力不集中或记忆力明显下降；

5. 不愿意去学校或不愿意完成作业；

6. 精神萎靡、睡眠不良、食欲减退；

7. 经常咬手指、挠头、咬铅笔或抠橡皮。

如果孩子有上述类似行为，家长应该特别注意可能你的孩子正在经历一段让他/她感到焦虑的阶段。

如果孩子已有一半以上的行为，并且持续超过一个月，那么有可能孩子对学习焦虑的程度已经较为严重，将会直接影响作业质量和学习成绩。

拿武侠小说做类比，孩子的学习，心态是"内功"，知识是"武功"。如果内功跟不上，武功练得再多都是花拳绣腿。放松的心态无法保持，学再多知识，报再多的补习班，学习状态依然会很差，成绩也上不去。

当孩子的作业和学习出现了问题，我们不能着急，应该冷静下来先分析原因、观察孩子行为。不能急功近利地不管三七二十一，去给孩子报个补习班恶补一番。这样做往往适得其反，让孩子更加拒绝跟家长交流，厌恶、排斥学习。

没有了沟通，只有无尽的焦虑和补习。把孩子逼急了，结束自己生命真的可能是他们唯一的"出路"。

所以要先调整孩子"内功"，舒缓孩子的心态。状态提升了，学习的提升就成了顺水推舟的事情。

案例：要跳楼的鹏鹏

鹏鹏今年三年级。妈妈是个追求完美的人，从小要求鹏鹏很多事情要做到最好。尤其是学习上的事情。

在一二年级的时候，鹏鹏的作业里每一个字都会被妈妈纠正和检查。稍有不满意，就会要求重写。

鹏鹏一直很乖巧，对妈妈的要求总是很服从。

可是自从进入三年级，鹏鹏开始逆反，有了自己的想法，不愿意遵从妈妈的意志。有些作业认为符合要求了，就不愿意听从妈妈的意见重写。跟妈妈的矛盾日益加重。

最近，鹏鹏做出了极端的行为。在一次跟妈妈激烈争吵后，跑到阳台，爬上围栏，冲妈妈大叫："你再让我写作业我就跳下去！"妈妈很害怕，也很伤心，但只得作罢。

后来鹏鹏开始厌学，甚至有些作业不想做就直接不做了，妈妈稍有要求就"以死相逼"。妈妈很无奈，不知如何是好。

10.1.2 表面越"听话"的孩子越容易焦虑

其实鹏鹏早就对学习充满了焦虑，但一直被妈妈控制着。对学习追求"完美"的妈妈，并没有意识到自己的一味压制和管束终有一天会迎来反抗。

除此之外，还有个消息要告诉大家。从一年级算起，家长只有2年的时间窗口。到了三年级，孩子进入青春期早期，成人的执行力和孩子的未成熟心智会让孩子日积月累的焦虑成为一颗"定时炸弹"——不知什么时候就有可能演变成家长无法想象的激烈抗争。

10.1.3 消极的归因是学习焦虑的首因

在前面的内容中，我们讲过，积极的孩子就算遇到焦虑也只是暂时的，消极的孩子即使没什么事情也有可能"杞人忧天"。

所以，相对悲观的孩子，或者天生性格类型较为内向的孩子，容易是学习焦虑的易感人群。

这与孩子的先天个性有关（遗传），也和后天的影响（家庭教育和环境）有关。和其他孩子相比，父母积极的教养在这些孩子身上可能更为重要。

因为积极的教养方式能在一定程度上改善孩子的归因风格，让孩子内心更乐观。父母走心的鼓励和夸奖，能像一剂"预防针"，让孩子的内心对悲观情绪产生"免疫"。

10.1.4 不可控的环境容易点燃焦虑

新学校、搬新家、新的朋友、换班主任、校园霸凌……都可能会让孩子陷入焦虑。就算成年人进入一个全新的环境也要有一段时间的适应期，更何况人小力单的孩子。

作为家长，如何帮孩子应对这些环境变化呢？

1. 提前给孩子心理建设很重要

这一点常常被我们家长忽视。我知道，有时候不是家长有意忽视。有时候是因为自己也很多事情要应付（比如搬新家），暂时无暇顾及到孩子；有时候是因为不知道如何与孩子沟通，害怕主动提起反倒会让孩子更伤心。

可是，家长的忽视或"讳莫如深"看似是保护，但在孩子眼里，却可能会被理解成"被大人忽视""自己很孤单"。那么，如何跟孩子开启"话匣子"，积极谈论类似事件呢？

2. 真诚直白的向孩子表达大人的感受可以是第一步

与孩子谈心的常用"开场白"

- "宝贝，最近可能要把你转去新的学校，爸爸担心你会不舍得，能跟爸爸一起聊聊你的想法吗？"

- "嘿，我听说你们最近换了新的班主任，妈妈担心你可能会不适应，怎么样？一切都还好吗？"

- "孩子，最近妈妈发现你写作业有些心神不宁，正确率也有点下降了。是不是学校里有什么不顺心的事？妈妈担心有人伤害你或者你自己不开心。愿意跟妈妈聊聊吗？当然，你现在不想说也没关系，等你什么时候想聊了，我们再聊也可以。"

也许，就算如此表述，孩子仍不会立刻给家长正面回复。也许为了不让父母担心，孩子不会实话实说，甚至是顾左右而言他，拒绝直接沟通。

但家长的关心和真诚会给孩子的内心套上一层温暖的缓冲罩，让孩子心中拥有更多能量，也为下一步的沟通奠定基础。

3. 面对新环境，我们要时刻告诉孩子"我与你同在"

转入新的学校，我们可以与孩子一起了解新学校的历史，利用休息日提前去新学校参观，多和孩子聊聊转到新学校的原因和好处。顺利转入新学校后，每天早点去接孩子，吃饭时多与孩子讨论学校的新闻。

搬了新家，我们可以做一些饼干或购买一些特产，与孩子一起送给新邻居。晚上出来散步时，可以去探寻周边不同的区域，增加新奇感。

每天到楼下玩的时候，我们可以陪孩子一起下楼，鼓励孩子与新的小伙伴一起游戏和交换玩具并加入他们的圈子。

当然，孩子一时不愿意参加这些活动也没关系，多给点时间，让孩子自己准备好，再去尝试和适应。

换了新的任课老师通常会很容易影响孩子的作业状态和学习。我们可以带着孩子与老师面谈沟通一次，一方面为了告知老师自己孩子的特点，帮助老师了解孩子和家庭背景；另一方面也让孩子看到父母是如何与新老师沟通的，给孩子做个示范。

每天回家后，利用晚饭和睡前聊天的时间，可以和孩子聊聊这位老师。有什么优点和趣闻，引导孩子往积极的方向去看待新的老师。

多跟学校老师沟通是防止校园霸凌的有效手段。如果在学校遇到霸凌甚至是侵犯，很多情况下孩子不敢告诉家长。一方面是因为孩子不明白到底发生了什么，另一方面是因为害怕坏人再次伤害自己。

当孩子发现，"无论发生什么事，爸爸妈妈都能在我的身边支持我、接纳我"时，你与孩子的沟通就已经成功了一半。

4. 自我保护意识要从娃娃抓起

我们很早就应该教会孩子应该如何保护自己，下面几个原则要经常跟孩子讨论，让孩子深深记在心里。

我们需要让孩子知道的自我保护的基本常识：

1. 身体的强壮是抵抗别人欺负的必要；

2. 遇到同学的欺负，首先推开对方并快速想办法逃离，然后第一时间告诉老师；

3. 也许坏人甚至老师会让你不要告诉父母，但这都是假的，一定要尽快告诉父母；

4. 当大人侵犯你的时候，要记住他们的长相，要找机会逃离并寻求帮助；

5. 可以优先向保安和穿制服的人寻求帮助，等到达安全的地方记得通知父母；

　　6. 记得父母电话号码并学会拨打 110。

　　总之，当孩子作业状态忽然有明显下降时，我们有必要多和孩子在一起，建立更多的沟通机会，尽力了解孩子近期发生了什么。切忌给孩子一上来就"贴标签"，诸如"懒惰""不爱学习""懦弱""蠢笨"等，除了让孩子更自卑，还会让孩子更加拒绝与父母沟通，导致恶性循环。

10.1.5　大人的焦虑可以传染给孩子

　　"不让孩子输在起跑线"这句话虽然是老生常谈，但仍然是家长的普遍焦虑。

　　迄今为止，没有任何一项研究表明小学的某一项成绩或习得某一项技能必然决定了长大后的成功。

　　但有一项一定会深远地影响孩子的未来——和谐的家庭环境。

　　孩子总是父母的影子。

　　家长的焦虑会传染给孩子，家长的着急、焦虑甚至会直接造成孩子的自卑心理。

　　每当看到孩子成绩下降、作业写得不好被老师反馈，很多家长的焦虑点都会瞬间飙升。家长的焦虑确实是在所难免的。我们除了要理性分析，克服焦虑之外，不让自己的焦虑"传染"给孩子，不让孩子承受过大的压力，是我们必须要思考的问题。

　　那么如何操作才能的不将自己的焦虑"传染"给孩子呢？

1. 情绪崩溃时先撤出

　　当辅导孩子作业时，如果发现自己控制不住情绪，开始抬高音量时，要意识到，情绪的崩溃，对孩子很可能是一种糟糕的否定。

　　所以，这时候及时撤出可能是最好的选择。这时候让伴侣来接替，或者跟孩子说自己心情有些不好，暂时冷静一下，尽快与孩子分开，是比较明智的操作。

但这里需要注意一点：当家长意识到需要暂时撤离时，**不要二话不说，拂袖而去**。在孩子眼里，可能这一行为是对自己的失望和抛弃，会在孩子心目中刻下深深的伤痕。孩子最不想看到的，总是家长对自己的失望。

> 我们可以在离开前这样告诉孩子："宝贝，我现在有些急躁，跟你没关系，但需要先去冷静一下平复一下心情。你可以先做其他题目，这个题目等我回来我们再讨论好吗？"

当然，人在生气时可能不会那么好脾气地提前告知孩子。

退而求其次，我们可以在自我平复后，回来跟孩子说这样一句话："刚才妈妈心情不是很好，跟你没关系，只是妈妈刚才有些暴躁，需要平复一下。现在好了，我们继续讨论吧。"

案例：崩溃的小岑和妈妈

小岑今年上二年级，数学一直是她的"老大难"问题。妈妈每次给她讲解数学都会崩溃。随着年龄的增长，数学成绩不但没提高，脾气反倒提高了。上了二年级之后，孩子学会了顶嘴和拒绝，曾明确表示过不想听妈妈讲题。

有一次，母女俩崩溃到了边缘，妈妈一生气，放下笔就往屋外走。这时小岑忽然崩溃大哭，揪住妈妈不让她走。

等冷静下来，妈妈问小岑为什么揪着她不让走时，她说以为妈妈不理她、放弃她了。

妈妈抱着小岑很愧疚，告诉她妈妈不会不要她，只是心情糟糕想去阳台透透气再回来给她讲题。小岑这才逐渐停止了哭泣。

当崩溃来临时，我知道，家长和孩子是同样挫败和紧张的。所以让自己和孩子一同舒缓下来才是当下最需要做的事情。

如果总是僵持不下，怎么讲孩子都听不懂怎么办呢？

思维是有惯性的。当人的思维高度集中和紧张地思考一件事情时，容易"钻牛角尖"，绕进思维的"死胡同"。

这时你和孩子都需要让思维先放松下来，也许换个环境和心情，大脑更容易变通，找到更好的方法讲解和思考这个题目。

比如放点轻音乐，先聊聊家常和学校的事情，暂时转移一下注意力。

比如一起出去散散步，散步的时候讨论一下其他事情，也许会有更多的灵感思考刚才的题目。

再比如两人一起比赛，做 5 分钟的平板支撑或高抬腿。运动是对大脑最好的放松，往往在运动后我们的思路会更加清晰。

前面曾经讲过，有时孩子的思维能力的发展暂时没有跟上学校的学习要求，这是很正常的现象。这时就需要家长用更加直观的方式代替抽象的知识，换一种方式跟孩子讲解，也许会有更好的效果。

10.2 三招搞定考前焦虑

有很多孩子，写作业时是"王者"，考试时变"青铜"。

为什么呢？平时的学习焦虑经常会在考试前达到最高峰，考前焦虑会在考试时将孩子的真实水平拉低，造成"考试失常"。

有三个长期验证有效的方法，可以缓解或解决考前焦虑的问题：

1."过电影"法

一个关于借扳手的笑话

本杰明有一天开车回家。一路上都没有路灯，路上漆黑，前不着村后不着店。更倒霉的是，他的车轮胎爆胎了，祸不单行，车上竟然没有换轮胎用的扳手。

正在本杰明一筹莫展时，他看到了不远处有一户人家，窗户亮着灯。于是他朝那户人家走去，打算问好心人借个扳手。走在路上，本杰明想了很多：

> "他们家里要是没人怎么办？"
>
> "就算有人，他们家要是没有扳手怎么办？"
>
> "如果他家有人，也有扳手，可是不借给我怎么办？"
>
> 这一路上，消极的想法在他的脑子里就这样不停的打转。
>
> "叮咚"，本杰明按响了门铃。
>
> 一位老人打开了房门。正当这位老人打算开口问候时，只见本杰明上来就给了这个可怜的老头一拳，嘴里念叨着："叫你不借给我扳手！"

如果孩子平时学习还算扎实，那么考试考不好一定不是水平不够。就像上文的小故事一样，是消极的心理预期在作祟。孩子不确定自己有多棒，不相信自己能考好。

心理的不确定，最终演变成了必然失败的信念。

如何能让孩子确信自己学到了足够的知识应对考试呢？

我们先拿出一张 A4 纸，然后将对应科目的教科书翻到目录页，与孩子一起回顾每一条目录下自己第一时间能想到的知识点和词汇，跟孩子来一场头脑风暴。像"过电影"一样将自己所学知识概括地显示在纸上。

孩子可以按照自己的喜好将自己的词汇展现在白纸上，可以整齐，也可以随便杂乱地乱写。

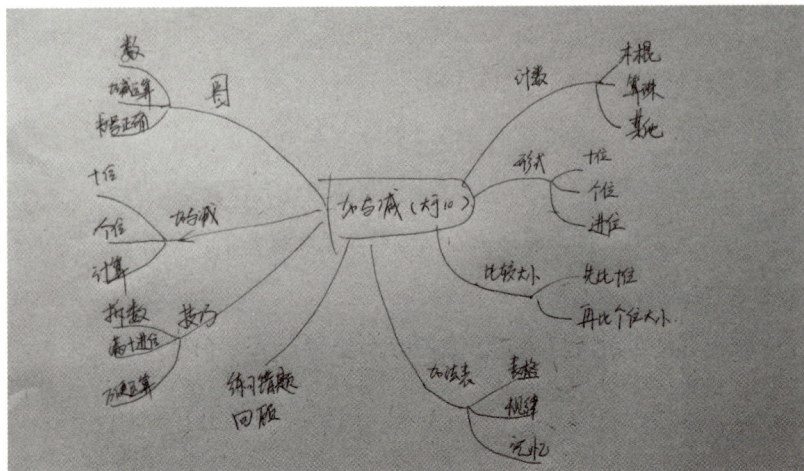

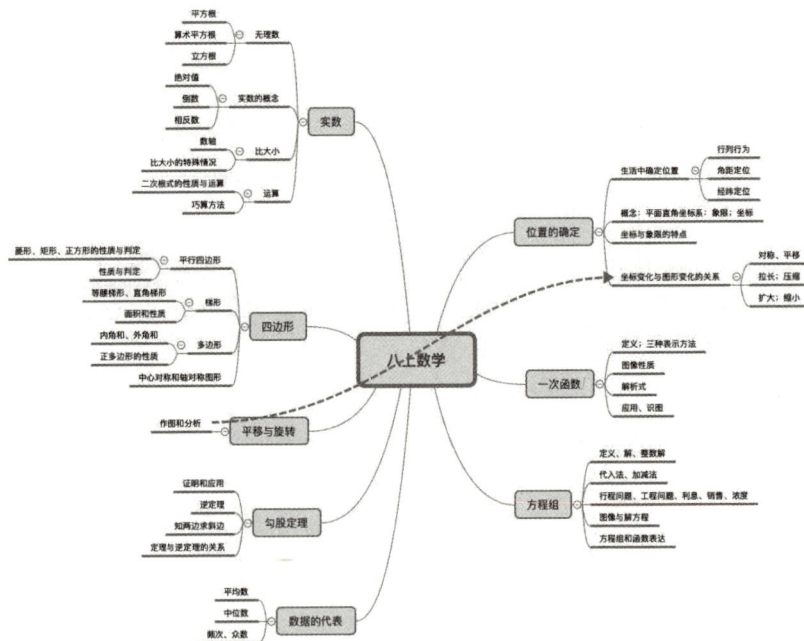

上面的两幅图是完全不同风格的两种思维导图，都是可以的。

在考试前，这种思维导图不要求美观，甚至不用要求太过精细、全面。

最重要的目的是，孩子在你的帮助下能将自己的知识饱满地填充到一张白纸上时体会到成就感，能让孩子直观看到自己到底掌握了多少知识。内心的不确定性就会降低，自信心随之增强。

这种自信是实实在在的，胜过任何别人的鼓励和安慰。

这个方法其实和"自我激励表格"异曲同工。本质都是将自己的成就直观表达和记录出来，具有出色的激励效果。

2. 风险清单法

除了不确定自己掌握了多少知识外，焦虑还有可能来自于担心考到自己的弱项以及无法预料的紧急情况。

和第一个方法很像，我们提前预估尽可能多的紧急情况，将它们具体展现在一张纸上。

可以鼓励孩子将自己具体的担忧写下来，与父母一起讨论遇到这样的难题时该如何应对（可以参考下图的内容）。

如果你可以和孩子一起查缺补漏，搞懂难题，固然很好。

但有的知识弱项不是一下子就能提升的，这时候我们可以只针对考试技巧进行讨论。

比如遇到这样的题目就先做好记号，先做下面的题目，等做完剩余全部题目再回来思考。

这样的考试计策是单纯的考试技巧，并不是为了补强知识弱项，但也会给孩子很大的自信。至少遇到这些题目时不会手足无措地影响心情，帮助发挥自己的最佳水平。

有时候孩子害怕的不是难题，只是单纯恐惧即将到来的未知。

具体的呈现形式可以参照下图：

考试前后出现的问题

准备问题
- 重要
  - 文具没带齐，考科文具多带一个后备，大概率没丢
  - 带一个外套
  - 试卷跟周围同学定好，考试如果遇到什么问题可以互相帮助
- 空调太冷
- 渴了、饿了
  - 好好吃早餐
  - 喝够水
- 无足问题障碍
- 防止身体不舒服
  - 患肚子时吃些容易消化的、不吃过过激烈的食物

考试答题问题
- 选择不会先做
  - 是考不超过5分钟
  - 蒙答记
  - 上课用心
  - 计算后面的考试时间，将会的题先填好答案卡
  - 最后在不会、不留空白，第一个答案
- 不知道错别题
  - 自己重审表，防止考试改错
- 试卷不清楚
  - 请问老师时间
- 试卷大题
  - 先做后面的题目
- 试卷大面单
  - 大面都做得清，不要害怕
  - 大面都填得清题，更要害怕，仔细检查

考前问题
- 道路事故
- 衣服准备
- 路上遇到危险

时间问题
- 单选、填空
  - 利用答题技巧快速作答
  - 填空题估算验算，不要做错
- 大题
  - 计算题做设计好做过程
  - 最后准确最低基本，不留空考

考试后的问题
- 保留试卷
  - 粗心 与错误分析对错
  - 漏题 计算题做设计
- 准备文件夹
  - 错题整理整理
  - 思考的问题
  - 思考的问题是否偏向其漏洞，针对性练习

思考方向
- 可以解决的题问题了？
- 是否出题不清楚
- 是否题目是因为知识不足

3. 降低期望法

家长的很多表现（比如成绩好就给奖励、成绩不好就训斥；成功时夸奖，失败时只是批评等）很可能让孩子认为：<u>只有成绩好才值得被爱</u>。

因为害怕失去父母的爱所以焦虑和害怕，所以期待考得更好。

可是，<u>期待越高就越紧张</u>。

我们可以在考试前一晚，让孩子内心降低对考试过高的期望。

比如我们可以避开考试，跟孩子商量考完试可以一起去哪儿玩。通过这种讨论来放松孩子的心情。

或者我们可以跟孩子直接说：<u>"这次考试是对你自己的检验，就像你玩游戏里打 boss 的阶段一样。自己好好考就可以了，无论什么成绩都不会影响你在爸爸妈妈心中的位置。"</u>

案例：考前失眠的萌萌

二年级的萌萌明天数学期末考试。

可是这次他很想考好，因为前几天爸爸给他进行了 2 周的集中"集中特训"，效果很好，自己在作业和小测验上都表现出了很大的进步。这一次期末考试萌萌特别想考好，所以压力很大，在床上辗转难眠。

"爸爸！"萌萌忍不住大叫。

爸爸快步走进萌萌房间，想一看究竟。

"爸爸，我这次要是考不好你会不会骂我？"萌萌吞吞吐吐试探性地问爸爸。

"怎么会，别管这次考成什么样，萌萌永远是爸爸心里最厉害的宝贝，因为爸爸已经看到了你的进步，爸爸已经很开心了！"爸爸故意抬高音调自豪地说。

　　萌萌听了很开心，一转身，睡着了。第二天考试发挥正常，考了全班第三名的好成绩。

　　学习焦虑的核心是担忧失败、怀疑自己。

作为父母如若能敏锐的察觉，再利用这本书中提到的沟通方法，孩子便可以战胜考前焦虑，保持更好的心态完成日常作业、考试发挥正常。

　　不过，这里提醒一点：养育孩子的过程是父母自我学习的过程。往往"望子成龙"的家长自己都不是"龙"，过度"拔苗助长"、简单粗暴地压制孩子，企图将他们变成"弥补自己年轻时遗憾"的工具，是不可能将孩子培养成人中龙凤的。

　　和孩子一同成长，一起摸索应对困难和解决问题的方法才是教育的正途。

第十一章

调好孩子记忆力，让
火箭作业法更持久

11.1　必须知道的几个记忆特性

"这不是刚教你的吗？一转脸就忘了？！"

"我说了多少遍了？才过多久就忘了？！"

"昨天我刚教过你，现在怎么又不会了？！"

"把我的话当耳边风吗？刚教给你的都能给我写错？"

这些耳熟能详的抱怨和批评，也许会出现在家长陪孩子做作业的每个夜晚。为什么会这样呢？

其实，刚教完的知识本就是最容易忘的。

著名的心理学家艾宾浩斯早在 200 年前就发现了人类记忆的奥秘。但其中的详细规律总被我们当成"最熟悉的陌生人"被我们忽略。

1. 刚学完的知识最容易忘

右图就是著名的艾宾浩斯遗忘曲线[1]。横坐标是记忆知识后过去的时

---

[1] Ebbinghaus, & Hermann. (2013). Memory: a contribution to experimental psychology. Annals of Neurosciences, 20(4).

间，纵坐标代表了保留在大脑中知识的比例（保持率）。

画圈处是记忆知识后的一天内，我们可以看到知识遗忘的速度是直线下滑的（曲线越陡峭的地方遗忘的速度越快）。

这告诉了我们一个违反常识但是却非常客观的信息：刚记住的知识是最容易被遗忘的。

记忆专家艾宾浩斯在试验中发现，当一个人记忆若干单词后，5分钟内的"保持率"（还记得多少单词）会"跳崖式"下降。换句话说，当你刚背完100个单词，5分钟后立刻检查，能记住80个单词都算很厉害的人了。

1天之后如果还能记住40个单词算得上记忆力超群，如果在不复习的情况下，7天后如果还能记住20个以上的单词，可以算得上记忆力很好了。

所以，在我们家长每次辅导作业时，刚教完一个难题，也许在做下一题时，孩子很可能已经将你刚才讲的知识抛到九霄云外了。这是大脑的基本特性，无法扭转。

还有一个"坏消息"，就是如果孩子对家长所讲的知识不感兴趣，3分钟之后，孩子将会把你的话抛到脑后，忘得一干二净。

2．3分钟内能记住的东西很有限

大家有没有思考过，为什么我们手机号是前面3个号码固定（不同电信公司有固定编号），后面是9个号码？

因为常人一次性只能记住最多9个号码。这是一般人短时记忆的最高值。

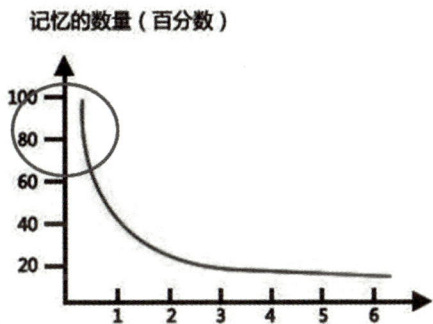

人在 3 分钟内能接收的信息是非常有限的。所以当我们一次性给孩子讲了很多新知识时，会发现孩子印象深刻的知识就只有一小部分。

"吃多不消化"在记忆方面也有类似道理。

有人可能会问，为什么大人可以一下子记忆大段文章或诗词呢？这又怎么解释呢？

3. 组块记忆可提高记忆上限

当记忆的知识之间有一定意义上的关联时，大脑会自动将这些知识识别成一整个组块。这样的组块，大脑同样可以记忆 9 个左右。所以，就算是一大段文章，只要彼此联系紧密，理解了其中的意思，就可以背得很轻松。

一首歌，光背歌词可能很难，但是如果要你唱出来就会容易很多，也是这个道理。和谐的音符将独立的文字连成了一个整体。大脑将这个整体照单全收，当做 1 个组块记忆了下来。

所以，当孩子记忆知识点多而繁杂或者背诵古诗怎么都记不住时，家长可以想想，是否能帮孩子讲解一下知识点之间的联系，能否给孩子讲讲古诗背后的故事？这些方法的转变，往往可以很好地帮助孩子记忆不牢靠的知识难点。

11.2 有效提升孩子记忆的方法

1. 直观转化法

前面曾经提过，因为孩子大脑发育的原因，很多学龄前儿童较难接受抽象的知识。这时候我们如果能有办法将抽象的事物转化成直观的东西，也许会让孩子更容易记忆那些抽象的知识。

比如，可以将"2+2"转化成在纸上画2只鸭子加入另外2只鸭子一起放入池塘；

可以将"密度越大浮力越小"的科学概念用乒乓球和铁块放在水里让孩子看一看，做一下比较。

你会发现，孩子会对一些晦涩难懂的抽象概念非常好理解。当然，将这些直观具体的事物与需要背诵的抽象概念连接在一起的过程往往不会那么顺利。比如4只鸭子和"2+2=4"如何建立联系，可能需要家长一次次解释并帮助孩子记忆才能被孩子逐渐接受。

2. 故事探索法

我至今都不曾忘记在我5岁时的一个温暖的午后，父亲拿着一本三字经躺在床上和我讲故事的场景。温暖的阳光，父亲温柔的声音，以及有趣的故事……这些都加深了我对三字经的记忆。这也让三字经成为我儿时背过的中国文学作品中印象最深的一部。

故事探索不仅是塞给孩子一本故事绘本或古诗词，重点是家长与孩子相互陪伴、一起参与的过程。

那种"孩子，我与你同在"和一起解决学习困难的温馨为孩子未来自主学习提供了内在动力。

上面两个方法在偶尔出现记忆"卡壳"时用一用效果是非常好的。

3．加油站法

如果对整体的知识记忆或考前复习来说，用上面提到的两种方法，就不太适合了。这里推荐一种方法——加油站法。

常识告诉我们，日常开车，不用遇到加油站就加油。只需等到油箱里的汽油所剩无几的时候，再去加油即可。

在孩子的记忆方面，也有类似的道理。

如果将孩子的大脑比作汽车的油箱，我们不用每天不断重复所有的知识。

我们只需要在孩子即将快速忘却的时候给孩子"加一次油"就好了。

还是之前那幅图，标注箭头的时间点是人类遗忘速度最快的时候：

人类遗忘速度最快的 8 个时间点分别是在第一次记忆后的：

5 分钟

30 分钟

12 小时

1 天

2 天

4 天

7 天

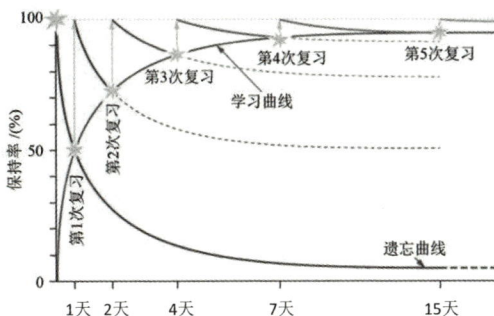

15 天之后（右图中箭头处）。

总共需要重复 8 次。

> "要记住一件事物只需要重复 8 次。"
>
> ——艾宾浩斯

这时，你可能会问：孩子学习的知识不可能一天复习完，怎能全部按这个时间重复 8 次呢？

下面将为大家介绍一个简单高效但需要耐心操作的加油站法的操作步骤：

只要家长能严格按照这个方法操作，孩子高效的记忆将成为现实。

下方逐渐高能，注意系好安全带。

加油站法步骤一：设定每天的复习单元

这里的复习单元是将孩子一学期中需要复习的知识要点拆解再合并，然后规划出每天的记忆量。按照人脑记忆特点，制定"加油计划"。

扫码关注公众号，回复"写作业"下载相关表格

①	语文：画、四季 数学：数一数、比一比 英语：Unit1 School
②	语文：小小竹排画中游、哪座房子最漂亮 数学：分一分 英语：Unit2 Face
③	语文：爷爷和小树、静夜思 数学：认位置 英语：Unit3 Animals
④	语文：小小船、阳光 数学：认数（一） 英语：Revision 1
⑤	语文：影子、比尾巴 数学：认识物体、分与合 英语：Unit4 Numbers

⑥	语文：我想多去看看、雨点儿 数学：加法和减法 英语：Unit5 School
⑦	语文：平平搭积木、自己去吧 数学：分一分 英语：Unit6 Face
⑧	语文：一次比一次有进步、小松鼠找花生 数学：人数（二） 英语：Revision 2
⑨	语文：雪地里的小画家、借生日 数学：认识钟表 英语：Unit2 Face
⑩	语文：雪孩子、小熊住山洞 数学：加法 英语：无

拿小学一年级上册语文、数学和英语教材做例子：

一天的记忆量为一个单元，就是一个小汽车。这里有 10 辆小汽车。意味着我将这个学期所有的语数外知识拆分和重组成了 10 个复习单元。

我们要将这 10 辆小汽车在特定的时间去"加油"。汽车很多，需要制作"通勤表"合理科学地安排日程。

在继续下面的步骤之前我要说明的是，在上面的知识点拆分上，我只是笼统地以每本教科书的单元作为拆分的基本单位。在实际操作中，家长可以根据孩子的实际情况和每个单元的困难程度按自己的喜好自由分组拆分，复习单元的数量（小汽车的数量）和每天的记忆量都可以根据实际情况自己定夺，无需严格按照我给的例子。

加油站法步骤二：制定"加油"计划表

首先我们要自己绘制一个日历——做一个简单的表格就行，开始日期是你计划开始复习的日子。日历跨度大概在 2 周左右（不够可以添加）。

1日 ①	2日 ①	3日 ①	4日	5日 ①	6日	7日
8日 ①	9日	10日	11日	12日	13日	14日
15日	16日 ①	17日	18日	19日	20日	21日
22日	23日	24日	25日	26日	27日	28日

上图是①号小车的"通勤"安排。按照记忆遗忘的规律，孩子在记忆知识后的第 1、2、4、7、15 天后遗忘速度最快，我们制定第一单元的记忆日程表。

"1 日"是第一天记忆的日子，然后在 2 日、4 日、7 日和 15 日都重复一遍这个单元。

<u>按照一天一个新的"小车"要背诵的规律</u>，我们将 10 个小车全部放到"通勤表"中，会是下面的景象：

1日 ①	2日 ②①	3日 ③①②	4日 ④②③	5日 ⑤①③④	6日 ⑥②④⑤	7日 ⑦⑥①③⑤
8日 ⑧①④⑥⑦	9日 ⑨②⑤⑦⑧	10日 ⑩③⑥⑧⑨	11日 ④⑦⑨⑩	12日 ⑤⑧⑩	13日 ⑥⑨	14日 ⑦⑩
15日 ⑧	16日 ①⑨	17日 ②⑩	18日 ③	19日 ④	20日 ⑤	21日 ⑥
22日 ⑦	23日 ⑧	24日 ⑨	25日 ⑩	26日	27日	28日

每天复习一个新的"小车"(1 日 ~10 日方框里排在第一位的"小车")；

并分别在 1 天、2 天、4 天、7 天、15 天后再复习一遍。

为什么新复习的"小车"要标红呢？下面详细解释。

① 第一天的复习单元需要注意什么？

在复习一个新单元时，我们要多次重复。艾宾浩斯认为记忆一个知识后，需要在之后的 5 分钟、30 分钟和 12 小时时候分别再重复一遍。

鉴于我们这是复习，而且小学知识不会很难。所以我们将这些时间点缩减一下，只在 30 分钟和 12 小时的时候挑选重点多次重复就好了。

比如：

- 在复习完当天的语文字词后，半小时后再让孩子默写一遍；

- 在复习数学加减法之后，在 30 分钟后再做一个 2-3 题的加减法口算题；

- 英语单词复习时发现有几个单词不熟练，30 分钟后再针对性地回顾一遍。

如果时间有限，让孩子在脑子里过一遍也可以，不用每个知识点都动笔操练。

那么 12 小时呢？如何计时？

不用特意设个闹铃 12 小时后准点复习。如果是前一天晚上复习的，第二天早上起床后在上学路上我们简单提醒或提问几个相关问题让孩子回顾就好。

不过即使这样，你的孩子可能还有很多记不住的。

这时家长千万别焦虑，更别责骂孩子，因为后面还要重复好几遍，现在记不住很正常，完全不用担心。

② 后面几天的复习需要注意什么？

细心的家长可能已经发现，中间的日子（7-10 日）好像最"难熬"。一天中可能要记忆 4 ~ 5 辆"小车"。每个小车都有很多知识，语数外三科知识点加起来是个不小的工作量。

确实工作量不小，但是要比你想象的轻松。

因为在这之前每个单元的知识点都已经至少重复了 4 次，孩子就算再不会，也已经熟悉了知识的内容，剩下的就是加深记忆了。

所以在后面复习的日子里，书本会"越复习越薄"。尽管看起来单元很多，但其实要比第一天复习时容易得多。

这时，可能又有家长问了：知识点性质不同，有背诵、有默写、有理解。都要严格做完一遍吗？

不需要，只需要有选择的复习就好了。

比如语文第三课较为简单，这一课只有 3 ~ 4 个字词还不会，那么就只须默写最生疏的那一部分就好了。

背诵的知识，如果早已会背，完全可以直接跳过，如果不确定，在最后一个复习日（15 天之后）再提醒一遍，做个总复习即可。

所以，书是越学越薄的，不用担心工作量太大。

是不是很简单？它就像一个加油站，每天给最容易遗忘的"油箱"加满油，让孩子的大脑每天有条不紊地输入知识，保证不忘记。

按照步骤操作，一般情况下一个月内就可以高效复习完一个学期的所有主课内容了。

不过这个方法还有个"弱点"需要提醒大家。

日程一旦设定好，不能打乱或跳过。如果中间有一天因特殊情况暂停了日程，后面的日期就要重新调整，前面复习过的知识也很可能会前功尽弃、全部遗忘掉。

人可以放假，但大脑不会"停机"。你和孩子可能想休息一天，但大脑该忘记的还是忘记。这是无法改变的。

所以，这个方法没有太高技术含量，但需要耐心和坚持。虽然有些辛苦，但保证能快速记忆。

如果孩子的学习习惯还不错，不需要全方位设计并帮助记忆的话，可以将一个科目或某几个难点设定部分复习计划即可。

不过，还有一个问题：

如何更好地激励孩子坚持下来？

就像自我激励表格一样，我们可以将这个"汽车出勤表"打印出来，尺寸做大，贴在家里最显眼的地方，告诉孩子我们要复习的目标后，每天完成了计划就在对应的方框内打个"√"（如下图所示）。

1日 ①	2日 ②①	3日 ③①②	4日 ④②③	5日 ⑤①③④	6日 ⑥②④⑤	7日 ⑦⑥①③⑤
√	√	√	√	√		
8日 ⑧①④⑥⑦	9日 ⑨②⑤⑦⑧	10日 ⑩③⑥⑧⑨	11日 ④⑦⑨⑩	12日 ⑤⑧⑩	13日 ⑥⑨	14日 ⑦⑩
15日 ⑧	16日 ①⑨	17日 ②⑩	18日 ③	19日 ④	20日 ⑤	21日 ⑥
22日 ⑦	23日 ⑧	24日 ⑨	25日 ⑩	26日	27日	28日

激励一个人最好的方法不是告诉他离目标还有多远，而是告诉他已经前进了多少。

因为计划较为复杂，学龄早期儿童（一二年级）可能无法独立使用。这是家长辅导孩子的一个计划日程表。与其说是激励孩子，不如说是激励家长。

第十二章

火箭作业法的"法外之地"——
孩子抄作业怎么办?

12.1 抄作业是常见现象

方法再好，抵不过孩子给你"躲滑（偷懒）"，更令人担忧的是，在实际操作中，有些孩子会为了增加自己的自主时间，故意隐瞒一些作业不做，等到第二天到学校抄别人的。

这是道德教育问题，无论在所谓的"好班"还是"差班"，都有抄作业的现象。

曾经一位颇有经验的退休校长告诉过我：往往越"好"的班级抄作业现象越多。

如果发现自己的孩子抄作业，千万不要迷茫"我的孩子怎么会做出这种事情"，要反思孩子为什么会抄作业？

1. 抄作业原因一：不会做

案例：考试的暴露

小美今年三年级，最近妈妈发现一个怪现象：平时作业全拿"优"，每逢班级测验都垫底。这和平时的作业表现完全不匹配。

　　妈妈跟小美长谈过一次才发现，这学期小美学会了抄作业。每次小美遇到不会的题目都会乱写一个答案，"骗"过妈妈的签字后，到学校再借同学的作业抄好交上去。

　　这样日复一日，小美的学习跟同学的差距就拉大了，因此每次都是"作业时王者，考试时青铜"。

　　到了三年级，学校学习的知识逐渐变难，小美每天做作业遇到的难题增多。小美害怕打扰妈妈，于是"不敢"去找妈妈问问题。因为小美学习一向比较自觉，不用太多过问，所以每次妈妈也都只是大概看一下就签字了，对小美的学习能力完全信任。

　　可是小美的"懂事"和妈妈的"信任"，竟然成了作业审核环节的"漏洞"，让小美产生了抄作业的行为。

　　当妈妈找到我时，我称赞了妈妈没有立刻批评小美的做法。行为背后是动机，很多时候孩子的内心我们不能用大人的标准衡量，更不能第一时间用自己的思维去揣测孩子的想法。

　　报以真诚态度的平等沟通才是应对孩子不良行为的首选策略。

　　试想，如果小美的妈妈发现问题不对，第一时间将孩子痛骂一顿。会是什么样的结果，孩子真的会改善自己的行为吗？

最后经过妈妈的教育和陪伴，小美接受了妈妈的提议，每天将不会的题目汇总，等到最后跟妈妈一起讨论。

有一点我需要强调：这不是道德问题，而是"好"的动机产生了"错"的行为。

我们可以用道德去引导，用自然后果去教育。但站在道德制高点上的批评会让孩子未来的行为更加不可控——也许抄作业的行为会因批评而变得更隐蔽，而不是消除。

2. 抄作业原因二：图省事

案例："懒惰"的马克

马克今年上二年级，学习中等偏上。平时开朗、头脑灵活。但最近马克爸爸很头痛一件事情：马克会对自己已经会了的作业选择偷偷不做。

当爸爸检查作业的时候，马克会说有些作业"在学校做完了"；而对老师，马克会说"放在家里忘带了"。

在老师与爸爸进行沟通时，爸爸发现了马克的"伎俩"。爸爸拉着马克当面对质，并打算批评马克一顿。可是马克不服气，理直气壮地说："那些作业我都会做了，为什么还要再做一遍呢？"

爸爸一时语塞，竟不知如何回答孩子。

在抄作业的孩子当中，不乏天资聪颖头脑灵活的孩子。

他们对待作业往往有自己的想法，认为对于已经会了的作业不需要再做了。于是，要么对这些作业敷衍了事，抄一抄应付；要么就会像案例中的马克那样"偷懒"。

对这个案例，经过与马克商量，我建议爸爸可以每天帮马克找一些拔高和有挑战的题目做（马克很愿意接受这样的挑战），部分家庭作业可以省去（要跟老师提前沟通）。但前提是每天有基础测验，测验得满分后才可以做"高级题目"。

后续效果很好，马克的学习成绩也一直稳定在班级前十名。

3. 抄作业原因三：没时间

现在的减负政策让小学低年级作业布置逐渐减少了。

但很多家长会在课后给孩子"加班"，背负着家长们"不输在起跑线"的期望，孩子们放学后穿梭在各类补习班中。

有时，补习机构布置的"家庭作业"要比学校的多。"压力山大"的孩子们往往被逼无奈，想到了抄作业的途径来减轻自己的压力。

大人很累，但至少可以有双休和年假。

那孩子呢？每周"996"不说，还全年无休，不给薪水。我们是否思考过：这样的作业量孩子是否有承受能力？

请思考你对孩子的时间管理和学习安排，我们不仅要考虑孩子的未来，也要衡量孩子当下的压力。

还有，我们也要冷静思考：自己是真的在为孩子考量，还是只是因为焦虑，不计后果地对孩子"拔苗助长"？

我知道，这个问题很尖锐，但如果能直面这个问题，其实大人和孩子都可能会好过一些。

给孩子实实在在减负，可能会减少很多孩子抄作业的现象。

减负不代表降低学习效率。题海战术和大量练习是个别教师和家长的"懒政"思维，学习薄弱点难找，就来个"地毯式轰炸"，低效又耗时。能得到的可能是寥寥几分的进步，损失的却可能是孩子的学习动力、宝贵的发展运动和兴趣爱好的时间。

12.2 欺骗肯定是道德问题

我们要教育孩子在真诚的同时具备与家长和老师的合理交流、谈判能力。如果孩子总处在与家长沟通中的劣势地位，他们将拒绝沟通。如果家长和老师同时要求孩子完成无法应付的作业任务时，孩子能做的就只能是"蒙混过关""应付差事"了。

所以，建立平等沟通机制是减低和杜绝作业欺骗的根本。当沟通成本低于欺骗的成本时，谁也不想通过欺瞒达到自己的目的。

但要达到这一目标，有两个前提：

1. 拥有充分接纳孩子的家庭氛围

我曾遇到过很多孩子，他们在家长的嘴里是"懒惰""不动脑子"的。在他们每次遇到难题时都会直接选择忽视和逃避，如果非要他们思考答案，相当一部分孩子会随便给出一个答案，力求蒙混过去，然后尴尬地笑笑看着你，等待你给予正确的答案。他们非常害怕家长的责骂和批评。

有的家长会不理解孩子的这种行为，认为："有难题找家长有可能被骂，但是抄作业或者偷偷不做不是更会被批评吗？"

有的家长也会说：不会做是"笨"，抄作业是"做错事"。

"笨"是彻底否定自己，"做错事"只是暂时的。在孩子心中，最可怕的不是做错事，而是被别人持久否定。

这些孩子是可怜的，他们宁愿让家长认为自己是"不愿做"，也不想父母觉得自己是"蠢笨"的。他们最怕的是家长的否定。

家，应该是一个"再落魄都能被包容的地方"。

我相信，大多数父母都有能力接纳孩子的一切，但日常的行为却在将孩子推开，让孩子不敢回来拥抱父母。

开放和接纳的家庭环境总能让孩子勇于直面自己的错误和失败，因为背后还有温暖的港湾。

2. 开放的沟通氛围

孩子什么都敢跟你说，才能与你更贴近，及时知晓他们不良行为背后的动机。

可以思考一下，在和孩子的日常沟通中，是我们说教的时间更长，还是孩子天马行空与我们讨论的时间更长？这是衡量家里沟通氛围是否足够开放的指标之一。

如果孩子不爱聊天，可以用之前分享过的启发式问题和建议提问与孩子沟通。

我们可以在车里装一个微型摄像机或者手机，将彼此的对话录下来。一方面可以回头审视自己的教育方法；另一方面，孩子的很多观点往往会给我们惊喜。相信我，如果你给机会让孩子表达，孩子总会给你惊喜，让你感受他们的智慧。

具备了以上两个原则，我们才可以更高效地教育孩子，让孩子知道欺骗是会伤害爱他们的家长和老师的。欺骗是不好的，而且除了欺骗，我们可以有更好的方法解决这个问题，比如与父母一起商量对策。

12.3 用情感沟通法教育孩子的道德问题

"情感沟通法",顾名思义,*在沟通过程中注重体会自己和他人的情感。这在道德教育中常会用到。*

孩子大多是以自我为中心的。他们在思考自己的利益和感受时往往会忘记他人的感受。孩子也都是善良的,他们绝大多数情况下并不想伤害任何人。

所以,我们多去锻炼孩子体会自己和他人的感受,找到多赢的解决方案是这个方法的重点目标。

案例:关于情感沟通法的实践

妈妈:"你为什么要抄作业呢?是因为不懂怕老师和妈妈批评吗?"

女儿点点头。

妈妈:"那如果你抄了作业,你会觉得开心吗?"

女儿:"不会……"

妈妈："抄完作业，那些不会的题目会不会还是会让你很担忧？"

女儿点点头。

妈妈："会担心考试的时候也出这样的题目自己不会吗？"

女儿依然默默点头。

妈妈："你看，抄作业其实并不能让你很开心，也不能提高你的考试成绩对吗？"

妈妈："那如果你考试没考好，你觉得老师和妈妈会怎么想？"

女儿思考了一下说："妈妈和老师会生气。"

妈妈："不，妈妈不会生气，因为妈妈知道女儿很努力，很想考好，一定是学习上遇到困难了。妈妈会很着急，因为妈妈不知道你需要怎样的帮助，因为平时作业没问题啊，妈妈没看到哪里出了问题，更不知道如何解决。"

女儿眼睛稍微睁大了一点，抬头看了看妈妈。

妈妈："我们换个思路想，如果你有不会的问题，过来问妈妈或者问老师，你会很紧张吗？"

女儿："会吧，我不太敢问老师。"

妈妈："你觉得老师会嫌你烦或者批评你是吗？"

女儿点点头。

妈妈："那你想想，如果你Jack叔叔家的小妹妹有不会的题目来问你，你是觉得烦呢，还是觉得需要很好的帮助她呢？"

女儿："那我肯定帮助她呀，不会觉得烦。"

妈妈："是呀，老师多半也是跟你一样的感受的。老师都希望学生好学，愿意帮助她的学生的。所以不需要太害怕，你要记得，越去找老师问问题老师越喜欢。"

妈妈继续说："还有，如果老师或妈妈知道了你平时都是靠抄作业解决问题，你觉得我和老师会怎么想？"

女儿："会生气吧？"

妈妈："你看我现在很生气吗？"

女儿摇摇头。

妈妈："妈妈不会生气，我相信老师多半也和妈妈一样，会伤心。"

妈妈："伤心自己的学生，自己的女儿不信任自己，伤心自己没能及时的帮到你。"

女儿有点被震撼到，抬头看了看妈妈。

妈妈："所以，下次如果遇到不会的问题，愿意找老师和妈妈吗？"

女儿深深地点了点头。

上面是一个妈妈利用情感沟通法与孩子围绕抄作业问题开展的一段对话。

在情感沟通法中，不论对错，只谈感受。

当孩子发现自己之前的行为伤害了别人，而且没有得到更好的结果时，自然就会放弃之前的行为，选择更优的方法。

情感沟通法在操作中，我们可以遵循下面几点原则：

① 确定之前的不良行为后各方真实的感受和想法。

② 明确如果行为改善后他人和自己的感受会有那些变化。

③ 寻找一个方法让大家的感受都更好。

④ 如果上述这3点做不到全都顾及，寻找伤害最小的解决方法。

12.4　作业的本质是什么？

作业的本质是什么？学生为什么做作业？

对老师，作业是教学成果的评估；

对学生，是知识的进一步巩固；

对家长，是家庭与学校的一种信息交流渠道。

其实，细细想来，我们家长常有一个错误的逻辑定势：

作业好＝学习好＝未来能成功。

但只要你稍微跳脱出来思考，就知道，上面这个公式里的任何等号都是不成立的。

12.5　作业好 = 学习好？

五个手指还有长短之分，一个班里的学生水平总是参差不齐。为了照顾到绝大多数孩子，老师布置的作业难度只能满足班级一般水平。

因此，作业状态只体现了孩子学习的基本状态——作业写得好只代表学习状态一般。

作业不是"培优"教学，考试却是择优录取。

所以，聪明的家长一定不会只看作业，只满足于每日的作业"相安无事"。根据孩子的特性因材施教，针对性学习，才是家长督导学习的重点。

至于孩子在家学习如何"高效发展"，在前面几章里其实都有详细讲解具体操作。聪明的你一定能从中受到启发。

不过，如果你再跳出这个层次，思考学习成绩和未来成功的关系时，你会发现，大可不必过于焦虑一时的学习状态。

12.6 学习成绩好 = 未来的成功？

再负责任的老师都无法为你孩子未来的成功负责。有以下两个原因：

① 老师没做过其他行业；

② 教学上的专业决定了其对其他行业的认知局限。

老师只负责教学，但教学成果与每一个孩子未来的发展并无必然关系。

美国哈佛大学的一项调查研究表明，一个人成功与否与其小学阶段的学习成绩无明显关系。

无独有偶，杭州市一位小学教师对 150 位 1990 年后毕业的学生入行调查发现，往往在小学班级排名在 10 ～ 20 名的学生长大成人后在社会中"出乎意料"的优秀，而儿时在班级里名列前茅的学生成人之后往往都前途坎坷、事业受挫。这一调查结果广为流传，被称为"第十名效应"。

这个效应其实很好理解，当一个人花费了所有的时间在书本上时，他/她就失去了更多参与社会实践和锻炼其他能力的时间（如人际交往能力、理财能力、审美能力等）。而走向社会后往往更需要这些能力。

所以，不要对孩子说："你什么都不要管，好好学习去。"

如果你的孩子目前在学校成绩处于中等偏上水平，我更主张鼓励孩子多走出去，丰富社会经验。

行万里路强过读万卷书。

对孩子的作业，我们应该理性看待本质。不是做好作业就万事大吉了，老师布置的作业也不是最高要求，反倒是最低要求。

通过作业发现孩子的学习问题，借此提高学习能力和效果才是我们审核作业的核心目的。

12.7 家庭作业需要家长检查吗？

很多家长抵触批改作业和签字，老师表示很无奈。

很多老师让家长批改作业的初衷是为了促使家长更主动地了解孩子的学习情况，所以家长是需要去检查的。

这一点我是很赞同的。因为检查作业能帮助孩子快速找到学习薄弱点，方便我们更好地帮助孩子下一阶段的学习。

我们在给孩子制定复习计划时，可以有选择和针对性地制定复习计划，并通过特定时间的重复来达到高效复习的目的。

那么如何查找孩子学习的薄弱点呢？

检查错题是总结薄弱点最简单的方法。

我们可以通过作业的检查，找出并统计孩子知识点薄弱的环节，寻找相应练习题加以巩固，再利用"加油站法"（具体方法参考第十一章）科学的复习，孩子的知识薄弱点可以很快修复。

不过，作业有错题最好别擦掉，在旁边订正。日积月累，孩子的作业本就能变成天然"错题集"。

另外，错误的作业痕迹也能帮助老师第二天汇总，方便老师有针对性地调整接下来的教学计划。

如果孩子放学需要到托班接受作业辅导，也可以向辅导老师提出要求，保留错题痕迹，以供检查和总结。

更重要的是，这样做可以降低孩子"蒙混过关"行为的发生概率。

当然，有些老师会对孩子的作业美观度有执着的要求，我们可以跟老师尝试沟通，以什么样的形式呈现，既能保留错题痕迹，又能避免因欠缺美观导致作业扣分。

抄作业这件事往往反映了家庭教育深层的问题。它可能反应的是家庭沟通机制的不透明，也可能暗示了孩子的学习状态需要调整。

孩子的每一个错误都是家庭教育的资源。

孩子的行为其实是在提醒你，你的家庭教育出现了问题，你们的沟通出现了偏差。

孩子的作业，来自于学校，也回归于学校。因此，作业出了问题，除了在家解决之外，与老师的沟通必不可少。

但你可能和很多家长一样都有这样的窘境：害怕和老师沟通。

"被老师叫去八成没好事""老师那么忙，担心打扰他们工作""不知道如何与老师沟通"……这些想法有没有困扰着你？

在第十四章我会与大家分享与老师沟通的"私家"秘籍，如果你有类似上述问题，一定可以帮到你。

不过在讲与老师沟通的内容之前，下一章我要先讲一下在陪孩子写作业的过程中，如何与伴侣沟通的内容。因为家庭教育终归需要父母双方的紧密配合，老师只是起辅助作用。

第十三章

队友配合好，让火箭
作业法事半功倍

13.1 孩子是"调戏"家长的高手

在最近几年的家庭教育咨询的工作中，我非常惊喜地看到，参与到家庭教育中的父亲越来越多了。这也给我的工作降低了相当的难度，因为父母配合好了，对孩子的教育效力是"1+1 > 2"的。

火箭作业法也不例外。

陪娃写作业本身就是体力活，"混合双打"总好过"单打独斗"。

有时候队友不一定会心甘情愿配合你，这就会使你在执行火箭作业法时遇到来自队友的阻碍和困境。

所以"调教"好队友，也是保证此方法高效执行的有力保障。

相信很多人会对这句话深有体会。当父母中有一人开始管孩子，如果另一位"队友"立场不坚定想要护着孩子，孩子会第一时间发现，并积极"拉拢"这个"盟友"。

1. 观点分歧不是唱反调的借口

────── **案例：打骂妈妈的皮皮** ──────

皮皮今年三年级，最近进入逆反期。

皮皮妈妈是个喜欢"唠叨"的母亲。皮皮经常会因为嫌弃妈妈"啰嗦"而跟妈妈顶嘴。

为此，皮皮爸爸经常直接在孩子面前反对妈妈："你怎么老是激怒孩子，不要这样说行不行？！"

最近皮皮变本加厉，竟然会对妈妈说出不堪入耳的脏话，甚至对妈妈动手。爸爸也开始认为事态有点严重，于是和妈妈一起找到我寻求解决方法。

上面的案例里，爸爸妈妈都是以爱孩子的名义，横加干涉甚至是阻挠对方的教育方式。（尤其是爸爸）但其实，**爸爸对妈妈的反对成了孩子打骂妈妈的动力**，尽管我相信爸爸初衷不是这样的。

"我只不过认为妈妈的教育方法不对。" 听起来没什么问题，但孩子却将此视为：**"爸爸也跟我一样讨厌妈妈！"**

孩子下意识地拉拢了爸爸"一致对外"，爸爸无意间成了孩子不良行为的"帮凶"，而妈妈因"寡不敌众"在孩子心中被轻视。

一切都是无意为之，但都"顺理成章"地让事情变得更糟。

2. 教育从来不缺"以爱之名"的错误

在上面的案例中，妈妈的教育方法（唠叨）是否得当反倒不是问题的关键，更重要的是父母在孩子面前步调一致，相互支持的态度。

我在第一周没有要求妈妈做什么，而是给爸爸布置了一项作业——每当孩子骂妈妈的时候，爸爸要在一旁说："妈妈是正确的。"不用冲着孩子大吼，只需要淡定地这样说一句即可，后续照常教育孩子（爸爸一直也在教育孩子不能打骂父母）。

一周之后，孩子很快就大量减少与妈妈逆反的行为，后续再调整妈妈的教育方法。很快，全家进入了和谐状态。

3. 教育观念冲突时可以"表面一致，关门吵"

有的家长可能会问，我看到队友用了错误的手段教育孩子，我还不能管管吗？

能，这是做家长的责任和权力。但什么时候管很重要。简单来说，教育孩子，夫妻间"表面一致，关门吵"是可以被允许的。

妻子与丈夫来自不同的原生家庭，教育理念难免不同。但在孩子面前，保持教育态度和步调的一致非常重要，如有异议，可以避开孩子，私下交流。

这在教育学中被称为"家庭教育的一致性"。

家庭教育的一致性，不是让某一方必须服从另一方的教育理念，只是主张不在孩子面前表现出矛盾冲突。

夫妻教育理念不一致，可以关门探讨，在孩子面前的争吵只会让教育效果"1-1=0"。最终夫妻俩争得面红耳赤，孩子却谁都没管到。

最糟糕的管教不是某一次的管教失误，而是将孩子处于"真空地带"放任不管。在孩子面前争吵教育方法，就是将孩子推向这样的"真空地带"，丧失一个个教育机会。

我至今未见过夫妻经常在孩子面前争执，还能教好孩子的案例。

但夫妻两人的原生家庭不可能完全一样，带来的教育价值观有所差异是非常正常的事情。如何"求同存异"才是我们应该思考的关键。

13.2 教育观念不一致，如何做到"求同存异"？

1. 领头羊原则

每个羊群都有领头羊，但就算领头羊带错了方向，其他羊也会义无反顾地跟随。因为他们知道这是最佳生存策略。如果大家都各有想法，最终羊群无法团结，就算走到正确的路线上，也只会落得狼群的盘中餐。

为了不让孩子将你们"各个击破"，与队友"抱团取暖"是必要的。可是问题来了，夫妻之间总有可能出现教育理念的分歧，在教育孩子的当下如何处置呢？也许我们可以借鉴羊群的生存之道，采用"领头羊"原则——谁先开始教育，谁有话语权。

在实际咨询经验中，我也遇到过无法说服的家长。他们很疑惑，反问我："这是让我眼见着把孩子教坏吗？"

案例：一罐可乐引起的"战争"

小乐上二年级，妈妈全职带他。爸爸很乐意参与育儿，但无奈平时很忙，没空管理孩子的日常，全部由妈妈代劳。

一天全家在吃完饭时，小乐忽然想边吃饭边喝可乐。妈妈不同意，担心孩子可乐喝太多对身体不好，吃饭喝可乐同时也会容易产生饱腹感，就不愿意吃饭了。

于是妈妈把道理告诉了小乐。虽然小乐还不太愿意，但也几乎勉强答应了。但爸爸有另一番考虑。他觉得平时小乐学习辛苦，也很乖巧懂事，喝一次可乐没什么。于是正当妈妈快要说服小乐的时候，插了一句嘴："就让他喝吧，今天他刚踢完足球也很热，喝一次没什么的。"

谁知小乐一听爸爸的话，又开始哭闹吵着要喝可乐了。

这让妈妈十分恼火，夫妻俩因此吵了起来，一顿愉快的晚餐也泡汤了。

如果你是像小乐爸爸这样"眼里容不得沙子"的家长，我劝你大可放心。

孩子不会因为一次简单的教育"失误"就学坏了。更何况，教育没有标准答案，队友的教育方法你不认可并不代表就是"教坏"。别看表面，要看"疗效"。

但另一方面，你的一句"插嘴"干涉可能让队友的教育努力瞬间功亏一篑。

我知道，"领头羊原则"对工作较忙或者在家中不占教育主导地位的家长可能会感到不服气——如果家里妈妈带孩子比较多，每次都是她管孩子，那爸爸就完全没教育话语权了吗？

当然不是，但是当孩子面争吵并不是明智的方法。下面的教育沟通方法也许会更明智，也没那么容易伤害亲子关系和夫妻关系。

2. 交换教育笔记

唾沫横飞的骂战容易让人不理智，也没有任何建设性。

很多因教育孩子的争吵，最终都升级为夫妻感情的隔阂，甚至造成婚姻关系的破裂。也许，我们能找到更温和的沟通方式。毕竟，大家的动机都是好的，都是为了孩子。

这里，我推荐使用记录教育笔记和交换教育笔记的方法来回顾和交换教育理念。

我经常鼓励家长要有记录育儿笔记的习惯。

因为记录教育笔记的过程是再次思考的过程，而且身处事外可以让自己比当时更冷静地思考问题。

教育笔记不是无规则的随笔，有基本的格式要求——"流水账"式。

它不是文学作品，不需要华丽的辞藻和优美的句式。相反，越冷淡的文风和通俗的描述越能让自己不带情绪地理性思考。这类方法在心理学里有一个专业的名词，叫做"自省"。

人是主观的、有情绪的，完全客观地做到"自省"是教育家的高阶技能。不过作为家长，我们不需要做到专家级别的严谨，只需要在思考教育问题时尽可能保持客观理性即可。

格式一般是这样的：

———— 教育笔记的一般格式 ————

今天出了一件事情：

我的做法是：

孩子的反馈是：

其他人的反应是：

我的总结是：

是不是出乎意料的简单？

是的，越"流水账"越好。

因为流水账不会夹杂个人情感，客观的记录事实可以让我们更客观地看待自己的教育行为，更好发现问题。

爸爸和妈妈可以养成日常记教育笔记的习惯，然后彼此交换和讨论。这样既能尽量客观看待双方教育观点的优劣，也可以帮助彼此冷静思考教育问题，得出最佳教育方案。

不过要做到这一点，需要父母双方都能积极参与到教育过程中。

有些家长会抱有这样的看法："既然两人有分歧，那我不管总可以了吧，无为而治，让另一半去管不就行了？"

不好意思，也不可以。教育下一代，不仅是家长的权利，也是责任和义务。"单边式育儿"教育不会让情况变得更好，仍然会拖累另一半的教育效果。

13.3 不作为也是拖后腿

案例：非要看电视的琪琪

琪琪是个三年级的女生。妈妈找到我时一直在说："管不了了，管不了了。"

周末，琪琪跟妈妈商量好写完作业可以看电视。可是刚做完数学作业，琪琪就忽然出来跟妈妈说不想写了。妈妈很生气，认为琪琪说话不算话，于是告诉琪琪不可以。

可是逆反的琪琪没有听从妈妈的要求，径直走进卧室。

这时，爸爸躺在床上正在看电视。于是琪琪顺势就躺在爸爸旁边看电视了。妈妈很生气，警告琪琪如果再不去写作业就要关掉电视了。琪琪不说话，爸爸也不说话。

妈妈更加生气，一下子就把电视机给关掉了。

这让琪琪情绪立刻崩溃，哭着大叫跑进了自己的房间，进房间前还大叫一声："我恨妈妈！"然后"砰"的一声关上了自己的房门。

> 爸爸在整个过程中保持沉默。他认为，只要自己不说话，就是支持了妈妈。可是妈妈却认为爸爸的沉默是一种纵容。
>
> 这种沉默让妈妈的管教变得很无力。
>
> 爸爸感到很冤枉，妈妈感到很生气。

不管孩子，不代表孩子不去找你，也不代表队友不需要你的支持。

孩子是两个人的，自然要两人管。队友缺失了你的助力，往往会有很多力不从心。

从案例中，我们可以看到，从头至尾，爸爸对母女俩的"战争"采取了"中立"甚至是漠视的态度。

没起作用就是起反作用。

在一个家庭里，父亲和母亲都有义不容辞的教育义务和责任。如果妈妈在家处于教育主导地位，爸爸也应该挺身而出，支持妈妈，因为爸爸的不作为也会给孩子建立一个不好的"榜样"，妈妈的教育威信因为你的不作为而产生动摇。你的支持不是多此一举，而是雪中送炭。

但有时，"队友"的不作为也不一定全是队友一个人的问题。

13.4 被边缘化的教育搭档

当爸爸（也可能是妈妈）工作完回家，发现孩子被家人围的团团转，自己连个手指头都插不进去的时候，就是将爸爸/妈妈边缘化的时候。

我承认，有不负责任的爸爸，但同样也有被其他家庭成员"挤出"教育队列的爸爸。

他们失去了教育的话语权，但却不愿看到孩子出现问题。偶尔忍不住出来管一下，还会被家人说一句："你管过孩子吗？有资格说跟我讨论教育问题吗？"反驳得无言以对。

家庭教育变成了"单边式育儿"，责任不一定全在"做得少"的那一方。处于教育主导位的队友有没有敞开怀抱拥抱另一半参与管理孩子，也是一个值得思考的问题。

13.5 如何鼓励队友参与孩子的教育

男人需要鼓励，就像女人需要关怀一样。如何鼓励爸爸更多地参与到孩子的教育当中是需要一定技巧和方法的。抱怨只会产生更大的嫌隙，唯有积极采取行动才能让家庭更和睦。

不要忘了，夫妻关系和睦是良好家庭教育的基础。

1．鼓励队友的方法一：枕边风吹起来

人们愿意吃饭是怕饿；

人们愿意工作是为了赚钱存活；

有人愿意争取优秀是为了证明自己；

有人想要做公益是为了帮助他人让自己的生命"有意义"……

一个人做任何事的深层动机都是为了一种"价值感"。

一个人不愿做某件事则是因为失去了某种"价值感"。

所以，我们要通过鼓励和夸奖让队友重拾教育孩子的"价值感"。

每天睡前时间是夫妻间沟通和鼓励的绝佳时机。

世上本无路，生活有套路。鼓励和夸奖另一半的方法就在下面，一起来看看吧：

┄┄┄┄ 枕边风基本方法 ┄┄┄┄

动情版：

- 老公，今天看到你陪孩子写作业我觉得特别安心。

- 每次看到你带孩子看书我都觉得非常温暖。

赞赏版：

- 还是你教儿子数学有效果，我每次教他都听不懂。

- 你今天那套方法怎么那么棒，女儿一下子就听懂了，是你自己想出来的吗？太睿智了。

你可能会觉得："夫妻间说不出那么肉麻的话。"

你需要做的只是勇敢迈出第一步，也许对方第一次会觉得肉麻，但时间久了，就会上瘾，谁不喜欢被夸呢？

夫妻间相互夸奖其实不难，更难的是学会发觉对方日常的亮点，学会欣赏。当你勇敢的说出来后，你会发现，你的队友真的很需要这种来自至亲的夸奖。因为这是一种肯定。

2. 鼓励队友的方法二：懂得示弱

"老公，数学不是我的强项，你能帮忙辅导一下孩子的数学功课吗？

VS.

"你天天回家就知道看手机，孩子学习你都不管一管？"

上面的两句话都是想让另一半关心一下孩子的作业，如果你是他，你喜欢听那一句？

没好气的责备只会招来对方自我保护式的反击，而主动示弱会让对方更愿意帮忙。

有话好好说，是非常重要的生活技能，需要练习。

当然，气不打一处来的时候很难控制情绪。可是"同样的方法只会得到同样的结果。"

如果曾经你的责骂没有效果，那就不要再用了，改变一下策略，总不会让事情变得更糟。

和睦的夫妻关系是家庭教育的基石。夫妻关系搞不好，想搞好孩子的教育就难如登天。

与伴侣沟通完后，下面我们来讲与老师的沟通问题。

第十四章

好方法离不开与老师的良性沟通

14.1 老师布置作业太多怎么办？

家长和老师对作业的看法往往相去甚远。

老师，为了全班学生的学习；

家长，为了自己孩子的一切。

老师往往更关注班级学生的整体水平，为了照顾到整个班级的孩子，老师要权衡教学效率，按照全班平均水平布置作业。

这种布置作业的方法，从集体角度来说很科学。

可是家长关心的只有自己家一个孩子——学习成绩较好的孩子，作业无法满足提升需求；学习进度较慢的孩子，作业的某些地方可能又会偏难。

所以，立场不同，家长和老师在布置作业和管理作业上的分歧在所难免。

那么，如何解决这种分歧呢？应该多与老师沟通。

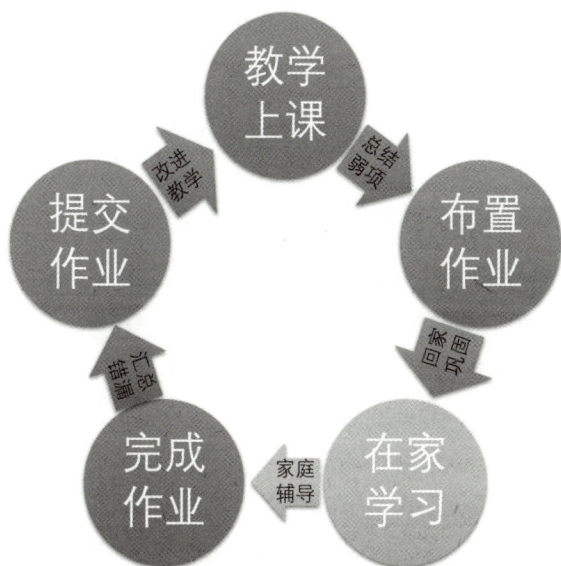

老师是作业的发起者；家长将作业拆解或调整；作业结果反馈给老师用于调整教学（见上图）。

这是一个循环，老师发起作业，家长调整、管理作业。这里面最核心的偏差就是：信息偏差。

如果没有沟通，

家长不知道老师布置作业的意图，无法管理好作业；

老师不知道孩子在家里的情况，就无法无法调整教学。

所以，别嫌麻烦，别怕麻烦；与老师建立良好沟通，才是管理好孩子作业的"捷径"。

我曾采访多位校长和老师，并对数百位家长的意见进行汇总，将他们经验相结合，整理出了家长与老师高效沟通家庭作业的"私家秘籍"。

这个"私家秘籍"首先要帮你解决的就是一个常见难题：老师天天布置很多作业，如何跟老师沟通解决？

数学老师： 我没布置很多啊，就半小时左右的作业。

语文老师： 我也没布置很多啊，就两个单元，40 分钟肯定搞定。

英语老师： 我也冤枉啊，抄两遍单词，再默写一遍课文，顶多 30 分钟。

科学老师： 我没布置多少啊，我只布置了 20 分钟的综合实践活动。

他们没意识到，他们在给同一个孩子布置任务。

每科作业貌似都很友好，不超过 40 分钟，但合在一起就 2 个小时。再加上软性作业和放学的路程时间、回家吃饭的时间，3 个小时"一眨眼就过去了"。如果作业速度慢一点，做到 4 个小时不是梦。

幸运的是，互联网和校内通系统让教学沟通得以改进，现在的很多学校，各科老师都能彼此看到作业的内容，能更合理地安排孩子的家庭作业。

但因为各任课老师对自身科目的过高自我认同感——都觉得自己教的科目最有价值。所以，老师布置作业过多的问题仍然时有发生。

曾经，我看到过一位科学老师跟一位语文老师面红耳赤地争吵谁的科目对孩子更重要。但他们并没有看到孩子发展的全貌。

相比学习，孩子的睡眠更重要。

《2019 年中国青少年儿童睡眠指数白皮书》调查显示，中国青少年儿童睡眠严重不足，其中每天不足 8 小时的儿童占比高达 62.9%。

睡眠不足对孩子的伤害大过任何学科的知识缺失。

- 《神经科学杂志》的一项研究表明，长期睡眠不足会使小白鼠的脑细胞死亡 25%；

- 美国休斯敦大学睡眠与焦虑研究中心的一项研究发现，儿童长期睡眠不足会直接影响其情感的发展，明显提高成年后抑郁症和焦虑症的发病率；

- 睡眠不足的青少年儿童在运动中受伤的概率将会提高 30%。

作业千万条，好好睡觉第一条。

那么问题来了：睡觉了作业怎么办？

首先，尽量不要与老师起冲突。

其次，与老师商量，是否可以挑选次要作业简化完成。

比如：下面的建议。

"次要作业"的一般特点和转化建议

1. 抄写类作业——可转化成默写或背诵
2. 题海类作业——可挑选弱项精准练习
3. 朗读类作业——可以不做

何为"次要作业"？

抄写的本质是为了能默写出来。而且，抄写是低效的学习方法（如何加深记忆我在前面几个章节已经详细介绍过），所以可以将其转化成"默写一遍"或"背诵一遍"即可。但要保证正确率，正确率不高要返工。

如果每个学科都有两三张试卷要做，帮孩子查找弱项精准练习即可。如果同一科目的试卷重复度较高，直接挑选其中一张试卷做完即可。

建议家长真诚地给老师交流一下，讲述孩子目前能力不足（不要说老师哪里做的不好），没有办法做到既保证睡眠又能完成全部作业，并提出自己的方案征求老师的同意。不卑不亢，相信老师会理解的。

14.2 老师布置作业太少怎么办？

有一部分家长会担心老师每天布置作业太少，孩子每天有太多"放纵时间"，自己心里没底。又因为工作太忙，没有太多精力给孩子课后"加班"。

确实，统一的作业布置只能保证孩子的水平都往中等水平靠拢。

也许作业里有些部分你的孩子已经会了，薄弱之处却不在作业之中。

如何解决呢？

第一步，不骄不躁。如果孩子作业不多但成绩不差，说明老师的教学水平优秀，不用过多的作业就能让孩子掌握必要的知识。如果你想"再接再厉"，也绝对不是靠单纯加作业量就可以的。

第二步，发现异常，及时与老师沟通。

若发现孩子学习有所退步，也不宜第一时间将孩子的退步归因为作业不够多。要理性分析孩子退步的原因（可能换了新环境和新老师，或者功课难度有所提升等），并与老师及时沟通，了解孩子在学校的情况。

第三步，沟通时提出建设性方案。

比如恳请老师能否单独给自己孩子针对弱项单独布置一些作业。或者询问任课老师孩子目前弱项在哪里，在校外找寻机构或老师针对性辅导。

14.3 老师讨厌自己的孩子怎么办？

老师不讨厌任何孩子，只讨厌不配合的家长。

师者父母心。再淘气的孩子，老师都愿意教。但如果遇到不配合的家长，往往会让老师寒心。

"老师，我把孩子就交给您了，我们放心。"记住，这句话其实不会让老师更高兴。

家长的动机也许是为了给老师信心，表达对老师的"信任和崇拜"。但老师听了多半就会压力山大："怎么，孩子交给我家长就不管了吗？"这种疑虑都会悄悄萦绕在老师的心头。"说者无心，听者有意。"

正确的表达方式应该是："老师，以后孩子有什么问题您多担待，我们做家长的一定全力配合。"

老师多担待是职责所在，但尊重和支持的态度则更容易被老师接受。

所以，我相信老师期待的是每一次能与家长针对孩子的问题善意和有建设性的沟通，能促使家长与老师一起帮助孩子更快进步才是老师最关注的事情。

所以，多与老师沟通，在教育孩子方面保持高度的"家校一致性"。

孩子进步、家长配合，老师自然喜欢，这是人之常情。

14.4 如何跟老师沟通自己的教育观点？

案例：老师为什么会生气？

小兵的父亲平时很关注孩子的学习和作业状况。

他对语文王老师布置的抄写作业有自己的想法。于是他预约了王老师在学校面谈。

进了办公室后，小兵爸爸"直言不讳"，直接对王老师说："王老师，我认为您让小兵抄写那么多遍字词是无效的，应该减少抄写次数，增加更加灵活的作业布置。"

王老师很生气，对小兵爸爸说："好的，相信您对小兵的学习有自己的一套方法，小兵以后可以不做我的作业，您来布置就可以了。如果没有其他事情请您回吧，我下面还有课，就不留您了。"

事后小兵爸爸很不理解，觉得自己是与老师理性沟通，老师生气是不应该的。

也许老师的口气确实没那么客气，但是"没人喜欢别人对自己的专业指手画脚"也是人之常情。就算你对孩子的教育再有心得，与老师的沟通也应该表达出充分的尊重。

"直言不讳"不代表对方就能接受，说话有技巧是必备技能。

那么如何避免这些沟通中的"坑"呢？下面几个方法供大家参考：

1. 提前预约

小学老师一般都很忙。集体备课、准备课堂物料、批改作业只是教师工作的一小部分。开会、接受上级检查、教学研讨等事务是家常便饭。

教师不属于服务行业，没有义务 24 小时随叫随到。所以，为了表达对这份职业的基本尊重。预约面谈是表达尊重的基本操作。

所以，就算你很清楚老师什么时候没有课，最好也要提前预约，因为"没课"≠"有空"。

2. 询问句替代陈述句

当老师向你抱怨孩子在学校表现不好时，"承认错误"和"唱反调"都无法达到建设性的结果。

"好的老师，我已经了解到了您反映的情况。您觉得我怎么做可以更好配合你并解决这个问题呢？"

这句话看似是你在示弱，却是一句非常"圆润"的回答。不但阻止了老师的抱怨，也把话题引向更积极的方向。

当你与老师的教育理念产生分歧时，可以使用建议提问的句式："你觉得这样做怎么样呢？"。

如果还以小兵父亲为例，也许按照下面的方法与老师沟通，让我们来看看：

"王老师，我理解您布置抄写字词是为了巩固孩子对字词的记忆。不过，我发现小兵好像对这些字词已经比较熟悉了。"

"我想跟您申请，如果以后在我确定小兵的字词已经比较熟悉的情况下，可否由我将这部分作业换成拔高一点的听写或字词活用的题目给小兵做，然后在作业本上我亲自签名给您做好解释呢？这样会不会增加您的工作量，给您带来困扰？"

老师也许会同意，也许不会。

但老师会大概率地耐心跟小兵爸爸继续沟通，而不是直接拒绝沟通，拂袖而去。

在这一类的沟通语境中，询问句容易被理解为尊重，陈述句容易被看成是在"命令"老师接受你的观点。

3. 记得保留沟通记录

保存聊天记录（微信截图或者录音）可以回看或者回听，这可以帮助我们家长更准确执行老师提出的好想法和建议，是学习型家长的常用方法。

上面讲的是我们如何主动约谈老师。但当老师主动约谈家长时，情况就大不相同了。

14.5 作业出问题被老师约谈怎么办？

老师的立场是管理所有孩子；

家长的立场是保护自己孩子。

立场不同，关注点就不同。"约谈"就容易变成"约架"。

1. 抱着感恩的心态赴约

很多老师都是利用自己的非工作时间与家长约谈的。尽管受到专业素质和咨询技巧的制约，有些老师"说话不讨喜"，但我们无法否认老师的善良和对孩子关怀的初心。有个很简单逻辑可以证明这一点：

如果不关注你的孩子，老师不会闲着没事儿找你"麻烦"，如果不找你，老师也不扣工资，对吧？

当老师主动找到你，请不要怕麻烦，这是有人在助力我们应尽的教育职责，应该感恩。

当然，除了感恩，我们还要做好赴约前的准备并思考沟通对策。

2. 赴约前的准备

永远不要"打无准备之仗"，了解老师约谈的内容是必要的。

预先了解孩子的状况很重要。

如果是前一天晚上老师约你明天到学校沟通，那么你就有足够的时间与孩子谈谈，在学校或者作业上出了什么事情。

在与孩子的沟通上，让孩子放下戒心，是非常重要的。不然将很难获得更多的真实信息。我们可以这样做：

1. 邀请孩子来到客厅。

2. 打好"预防针"，告诉孩子你不会生气："今天妈妈／爸爸想跟你聊聊。但在聊之前，我想让你知道，无论你做了什么我都不会生气，但我需要知道事情的全部真相才能更好地帮助你，你能相信我吗？"

3. 当得到孩子的肯定答案后，开始询问在学校发生的事情。

4. 先别急着教育孩子，更不能立刻责骂孩子。甚至都不要妄下结论，只须告诉孩子："老师明天约我去谈谈，等我跟老师谈完了，我们再好好商量如何解决这件事情。你现在先去做自己的事情，不用太紧张。"

一定要记住，我们跟孩子是站在一边的，共同目标是解决问题，更好地学习。

不过还有另一种情况：

如果是你在上班，老师让你下午接孩子的时候去学校"聊一聊"该怎么办呢？

在谈话之前，你已没有时间提前向孩子了解情况了。所以，你可以礼貌地在电话中询问："请问老师能提前告诉我一下是因为什么事情吗？"

也许老师不会说的很清楚，或者只说了孩子的种种"劣迹"。但你要明白，孩子和老师所说一定都是片面的，再严重的问题我都建议你不要着急，先去学校了解清楚再做定夺。

当你到了学校，和老师碰了面之后，有什么应对技巧呢？

① 被老师约谈的应对技巧一：认可对方观点。

你不需要向任何老师赔礼道歉。

很多家长与老师的沟通习惯是先低头认错，这是没必要的。

因为这个行为指向的结果只有两个：

要么是老师的继续借题发挥；

要么是话题聊"死"，领孩子回家、虚心接受、"坚决不改"。

案例：小 A 的销售技巧

王先生去某汽车店买汽车。他找到销售小 A 为他介绍产品。一番介绍后，王先生对这辆车开始挑毛病："这个车你说的这么好听，可我怎么听说它很耗油啊？"

小 A 没有立刻反对，竟然认同了王先生的说法："看来您很懂车，确实，这款车油耗比同款车大一点点。但它为了保证行车安全性，在汽车车身做工方面用了厚实的材料，所以增加了车身重量。相比油耗，安全性可能是这款车的首要考虑。"

听完小 A 的介绍，王先生很是满意，立刻就下单订购了。

聊天的正确打开方式是：先无条件认可对方。

从小 A 的案例中我们可以看到，当王先生提出这个车"油耗大"的缺陷时，她没有急于否认，而是先表示认同，然后从"汽车安全性"方面寻求转变对方想法的契机。

顺着对方的话说下去是为了扭转对方的思维。

当老师说孩子不好的时候，作为家长肯定不高兴。但是只有先认同老师的看法才能有机会让这次谈话达到建设性的结果。

比如：

- "老师您真是细心，如果不是那么关注我们家孩子，绝对不会发现这样的问题的。"

- "老师您说的很有道理，这确实是孩子长期的一个问题。"

② 被老师约谈的应对技巧二：询问老师的意见和建议。

老师可能因为孩子的"屡教不改"或"错误重大"气在心头。这时我们要冷静，用建设性的询问将话题转移到更积极的方向。

"老师，我非常认同您的看法。您希望我在家里如何配合您呢？我一定尽力配合。"

先不要提出自己的意见和建议。因为你的意见不一定符合老师的要求，甚至还有可能让老师产生反感，除非老师主动要求你提出一个改进建议。

③ 被老师约谈的应对技巧三：提出自己的建议。

与上一条方法类似，如果老师提出的意见和建议没有建设性（比如："你回去要好好管管你孩子！"）我们可以用征询意见的方式提出自己的看法。例如：

"老师，孩子没完成作业给您添麻烦了。你看这样可以吗？我跟孩子回去做个"自我激励表格"（简单讲解一下操作方法），每周我给您通报孩子在家的表现，咱们一起配合，您看可以吗？"

一般这样的对话老师是不会拒绝的。

④ 被老师约谈的应对技巧四：尽量面谈。

人与人的沟通效能，只有30%是通过语言，其他70%以上是通过语气、表情、肢体语言和其他方式达到的。这就意味着，**不面谈，你和老师沟通的效率可能就会降低70%**。所以尽量争取与老师面谈是降低误解、提高沟通效率的必要方法。

14.6 该不该拒绝老师的"越界行为"

何为越界行为？法律有明确界定。

当然，实际生活中，家长可能会认为："孩子在老师手上，我们做家长的能怎样？"

合理利用监督资源，保护自身合法权益的能力是公民意识进步的象征。况且，家长有充分的合法渠道和权力监督教师队伍的教学行为。

《中华人民共和国教师法》：

第三十七条 教师有下列情形之一的，由所在学校、其他教育机构或者教育行政部门给予行政处分或者解聘。

（一）故意不完成教育教学任务给教育教学工作造成损失的；

（二）体罚学生，经教育不改的；

（三）品行不良、侮辱学生，影响恶劣的。

教师有前款第（二）项、第（三）项所列情形之一，情节严重，构成犯罪的，依法追究刑事责任。

以上行为若与老师沟通后没有改善，可以逐级向教育行政部门举报。

教育行政部门（区级文教局、市级教育局等），有权力对违规教师给予行政处分甚至解聘。所以当你遇到教师的"越界行为"时，我鼓励你保留证据，并通过合法途径保障自己和孩子的合法权益。

但也要做好心理准备，这种做法不一定会受到社会一致的认同。

14.7 如何应对老师的软暴力

现在，教师对孩子使用体罚的频率越来越低，但对孩子贴标签、辱骂、鼓励班级同学相互检举揭发的现象还时有发生，并没有完全杜绝。

这些虽然没有肢体接触却能对孩子内心产生较大创伤的"软暴力"，比身体伤害更隐晦，伤害也更深远。

作为家长，无法随意进出学校，鞭长莫及。该如何应对呢?

首先，我们要告诉孩子："老师的辱骂不是真的，你永远不要因为别人的话语怀疑自己。"

孩子内心受到的伤害可能远超我们的想象。当发现孩子忽然变得自我封闭、不愿学习或者很暴躁的时候，我们就要提高警惕——也许学校发生了什么孩子不愿意说的事情。

与孩子谈谈心。告诉孩子无论如何你都会很爱他 / 她，让孩子真正相信任何事都可以和爸爸妈妈说，这是建立透明的亲子沟通机制的基础。

其次，我们要教会孩子保留证据的方法。现在很多电话手表、录音笔都很便携，可以录音录像。高科技的手法都可以用起来。

最后，合法合理的投诉、举报是我支持的维权方式。

不过，没人想把事情搞砸。最重要的还是要与老师积极地展开沟通。

美国教育部的相关调查研究发现，家长与老师的沟通频率和对学校教学的参与度与孩子的学习成绩存在正相关关系。参与度越高，孩子成绩越好。

所以，沟通技能是一个人成功的必备技能，为人父母，与老师的沟通技巧也是我们的必修课程。

任何教育问题都不可孤立讨论

——写在最后的话

每次做完实地讲座，总会有很多家长围上来和我讨论孩子的教育问题。

我有一个很深的感触——当我告诉家长具体问题的解决方法后，如果家长很满意，就会继续向我提出第二个、第三个问题；如果家长不满意，还会继续详细询问他们不明白的细节。

所以，一旦家长们围上来，基本上都要问三五个问题才肯罢休。有时，甚至解答他们的时间都快赶上讲座的时间了。

别误会，我并不嫌烦，反倒很喜欢这种感觉。我感觉到了被需要，感觉到了可以帮助别人的价值感。

但这种现象也让我意识到，家长都很喜欢听具体问题的解决方法。这本身没什么错，但是，如果你用这样的思维去教育孩子的话就很容易掉进一个无底洞，将教育孩子的工作变成永无止息的"救火现场"：一个问题还没解决，另一个问题又不知道从哪里冒出来了。

为什么会这样呢？

因为这种"只要干货不听道理"的逻辑与教育的本质相矛盾。教育是个系统性的问题，无法单独拎出来一个问题讨论并完美解决。

比如孩子作业问题。

也许你很着急，着急到没法看这本书的前言，没法看这本书的前几章讲的"内功心法",愿意直接跳到第六章,看看如何给孩子定计划、做表格。

可是如果这样的话,**99%** 以上的可能性是,你无法让孩子的作业快速提升。

有句老话叫:"磨刀不误砍柴工"。一把斧子,你得确保它锋利,才能将树快速砍倒。哪怕前期多费点时间,先把斧子磨快一点。但总体消耗的时间一定要比拿把钝斧子砍来得少很多。

困扰你多日的孩子作业问题,就是那棵你要"砍倒"的大树;这本书从前言直到第四章的内容,就是"磨刀石";第五章到第十二章,就是那把"斧子";第十三章和十四章之后的内容,是在你"砍树"的过程中,需要注意到的周围环境,以免等树倒了,砸到了花花草草,弄伤了自己和孩子。

所以看了前面 4 章的内容,能让你在使用后面讲到的"火箭作业法""自我激励表格"和"加油站记忆法"时,更有效率、少出错。

既然教育是系统性的事情,我写书也要写成一个系统来应对这样单一的教育问题。作为正在看书的你,作为孩子教育的直接实施者,如果你真想解决教育问题,提升自己的教育技能,那也得系统的学习。

"态度决定成败"。如果你是一个希望通过科学学习来解决孩子教育问题的家长,我相信正在看书的你一定是一个合格甚至优秀的父母。在此,我向你致敬。致敬你伟大的母爱和父爱,致敬你为祖国的未来贡献了自己的力量。